职业经理人的五项修炼

华人管理大师
余世维　主讲

北京联合出版公司
Beijing United Publishing Co.,Ltd.

图书在版编目（CIP）数据

职业经理人的五项修炼 / 余世维主讲 . — 北京：北京联合出版公司，2019.10（2023.9重印）
ISBN 978-7-5596-3425-2

Ⅰ . ①职… Ⅱ . ①余… Ⅲ . ①企业领导学 Ⅳ . ① F272.91

中国版本图书馆 CIP 数据核字（2019）第 138827 号

职业经理人的五项修炼
作　　者：余世维
出 品 人：赵红仕
选题策划：北京时代光华图书有限公司
责任编辑：昝亚会　夏应鹏
特约编辑：任红波　翟倩倩
封面设计：新艺书文化

北京联合出版公司出版
（北京市西城区德外大街 83 号楼 9 层　100088）
文畅阁印刷有限公司印刷　　新华书店经销
字数 133 千字　787 毫米 ×1092 毫米　1/16　10.5 印张
2019 年 10 月第 1 版　2023 年 9 月第 2 次印刷
ISBN　978-7-5596-3425-2
定价：49.80 元

目录

第一章　管理员工与塑造权威 /001

管理员工 /003

管理员工的重要性 /003

加强员工的培训和教育 /006

塑造权威 /013

抓住机遇施展才华 /013

成功经理人应该具备的特质 /016

明确经理人的权力基础 /020

诚信为本：认识自己，了解客户，投入地工作 /028

负起责任与培养自信 /029

第二章　提振企业团队精神 /033

强化团队意识 /035

怎样才算拥有一个团队 /035

团队的组织架构 /051

经理人在团队中的作用 /058

培养团队精神 /060

团队精神要尽早开始培养 /060

经理人要以身作则 /064

遵守社会秩序 /065

第三章 提高思考、决策和执行能力 /069

思考、决策和执行能力的重要性 /071

重视经理人的“三力”/071

“三力”的内涵 /072

通过思考赢得顾客 /075

通过思考了解市场 /075

通过思考抓住顾客 /076

思考要以顾客为主轴 /077

学会做决策 /081

决策的重要性 /081

影响决策的因素 /083

高屋建瓴地做决策 /084

决策时要分清轻重缓急 /084

决策时要注重效率与效果 /087

提升执行力 /091

分析员工的类型 /091
选择适合的执行者 /093
向执行者授权 /095

第四章 塑造优秀的企业文化 /101

何为企业文化 /103
企业文化的内涵 /103
企业文化与创始人的哲学 /107

企业文化测评 /114
掌握企业文化测评的关键指标 /114
区分主文化和次文化 /118

第五章 提升逆境商数 /123

逆境的来源和作用 /125
逆境商数的定义 /125
逆境的来源 /129
逆境的作用 /131

逆境的程度与压力现象 /137
员工压力的来源与程度 /137
缓解员工工作压力的方法 /138

提升逆境商数，自我减压 /141

修身养性 /141

体内革命 /142

附录　工具表单 /149

第一章

管理员工与塑造权威

带走我的员工，把工厂留下，不久后工厂就会长满杂草；拿走我的工厂，把我的员工留下，不久后我们还会有一个更好的工厂。

——安德鲁·卡内基

管理员工

管理员工的重要性

◆ 现状

在人们的传统观念里，所谓“管理”就是“管理阶层主导”。在实际的管理工作中，人们过于重视管理者自身的示范作用，却忽略了与顾客直接接触的员工。

在许多组织里，大部分有利条件和教育机会通常为管理者所有。很多管理者都有出国考察和培训的机会，但是他们并没有把自己所学的知识传授给下属。他们的下属接受在职培训的机会较少，在平时的工作中也没有接受特别的指正和训练，因此，在面对市场和顾客时，就可能显得力不从心。

◆ 重视员工的作用

新的管理观念强调的是“员工参与”，因为顾客直接面对的是企业的普通员工，他们主要通过员工来认识一家企业，而不是主要通过某个主管或经理。例如，我们去商场买东西，并不是总经理或店长把东西拿给我们，而是普通的售货员为我们介绍产品、答疑解惑……管理者的能力和水平虽然重要，却不能等同于员工的能力和水平，企业发展的基础应该是普通员工。

我们经常忽视这一点，而把更多的注意力放在公司高层身上。细想一想，如果我们家里的电话坏了，是电信局的局长来替我们修吗？我们买的东西质量不好，是生产厂家的董事长替我们换货吗？我们总是喜欢提领导的名字，在报纸杂志上也经常会看到国内大企业领导者的名字，但现实生活中，我们与企业领导人打交道的机会少之又少。全中国那么多人都用微软的软件，却很少有人知道哪几款软件是比尔·盖茨设计的，只是知道一旦出了故障，比尔·盖茨不会来给我们修理、调试或者重组。

在我国很多城市中都有麦当劳、肯德基这样的快餐店，也有沃尔玛、家乐福这样的连锁超市。我们在这些地方消费的时候，其实不太关注在这个店里谁是经理、谁是店长，我们所在意的就是在柜台里服务的员工。一个人对快餐店和超市的直观认识，是通过与自己直接接触的服务人员得到的。

上述情形给了我们一个很大的启发，那就是真正面对顾客的不是经理人而是员工。所以，企业要正确处理顾客、员工与经理人之间的关系，就必须要重视员工的作用。

◆ 正确处理顾客、员工与经理人之间的关系

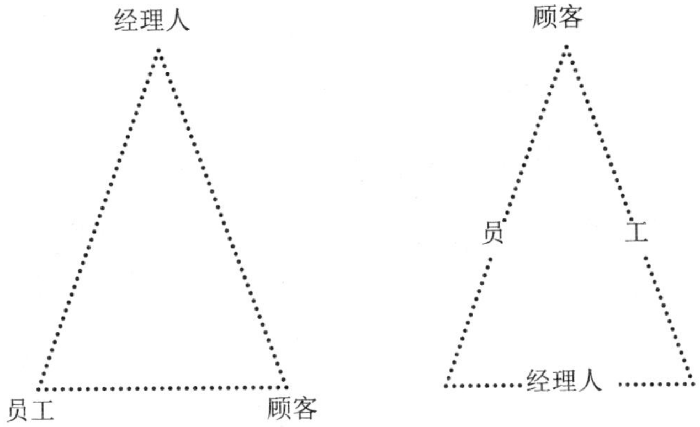

图1-1　两种不同观念下顾客、员工与经理人的关系

从图 1-1 可以看出，左图中经理人处在上层，员工和顾客位于底层，经理人在这个组织里是最重要的，他高高在上，呼风唤雨，这就是传统观念里“管理阶层主导”的体现。但在新的管理观念中，情况截然不同，这种关系发生了重大变化，如图 1-1 右图所示：顾客位于最上层，员工面对顾客，而经理人处于组织结构的底层，是支持员工的基础。

员工是企业利润的来源，没有基层员工的辛勤劳动，企业就很难盈利；员工是企业的门面，管理者即使再有能力，给顾客“好”或“坏”等最直观感受的还是基层的员工；员工是企业与顾客之间的桥梁，企业中做决策的虽然是管理者，但直接面对顾客、能看到顾客真正需求的却是员工，远离了基层员工，便远离了市场需求。

所以，企业应该让员工参与决策，管理者负责分配资源，而不是事无巨细地主导所有，这是企业重视员工的一个重要原则。

加强员工的培训和教育

◆ 让员工真正接受市场竞争

员工是企业面向市场时的排头兵，员工工作能力的强弱和态度的好坏，直接影响着企业利润的多少。一些企业长期不重视基层员工，缺乏对员工的培训和引导，导致员工工作积极性不足，严重影响了企业的口碑和发展。下面这个案例就充分说明了这一点：

◎ 案例

办业务

上海《新闻周刊》刊登了一则消息，讲述了发生在电信营业厅中的一件事。一名消费者投诉："和很多人一样，我的手机也丢在了出租车上，于是只好去买新手机并办理补卡手续。在电信营业厅里共有四位营业员，其中两位似乎不办理任何业务，另外一位终于做了一件'实事儿'——和一位顾客吵架。在我排队时，前面的人并不多，但是平均每个人要排一个半钟头才能办完相关业务。整个过程我用了20分钟，但真正用于办手续的时间只要5分钟就足够了。你说他人手紧吧，营业大厅里却晃荡着无所事事的一位杂务和四位保安……"

◆ 照顾好员工

某企业每年都会组织考察活动，安排重要部门的经理出国或去港澳等地区考察。有的时候，他们会把行程表送上任其挑选。

某一年企业决定去挪威和瑞典考察，可是经理们却说，怎么又去欧洲啊？这话什么意思呢？既然去过欧洲了，那么大概也去过美国了，都去过美国了，新加坡、中国香港肯定也去过了，由此推断，泰国大概也早就去过了，所以没什么地方好玩了。于是管理者又问这些经理："都去过欧洲了，那怎么办？还有什么地方可以去？"经理们回答说："阿拉斯加的冰河还没有看过，西伯利亚大草原还没有穿越过，撒哈拉沙漠还没有夜游过，可以去看看。"相比之下，如果你问该企业的员工，他们会说："海南三亚还没有去过。"这说明了什么？

世界上有三大国际快递公司——敦豪（DHL）、联合包裹（UPS）、联邦快递（Federal Express），他们都在用速度争取顾客。

2003年联合包裹被评为"亚洲最佳雇主"。联合包裹有一句管理名言："我们要照顾好员工，他们就会照顾好顾客，进而照顾好我们的利润。"换句话说，一家企业如果想获得高额利润，必须要有很好的顾客；要有很好的顾客，就必须要有优秀的员工去服务这些顾客。如果照顾不好员工，员工就不会照顾好顾客，就会影响到企业利润。

联合包裹在和敦豪、联邦快递竞争时，并未将焦点集中在经理人身上，而是把眼光放在了自己员工的身上。先注意员工，再要求员工注意顾客，然后从顾客的身上去挖掘企业的利润，这是非常高明的。

◆ 培养好员工

卡内基梅隆大学的创始人、美国钢铁大王安德鲁·卡内基说过一句话："带走我的员工，把工厂留下，不久后工厂就会长满杂草；拿走我的工厂，把我的员工留下，不久后我们还会有一个更好的工厂。”这句话说明，与机器、设备、工厂等相比较，最重要的是企业的员工。既然把员工称作人力资源，就应该把他们作为企业的财富来重视和使用。

一家企业的创建和发展，应该以人为本。机器、厂房、设备都可以花钱买到，人却需要慢慢培养。

应该让员工去参与决策，管理者负责分配资源，而不是凡事都去主导。

真正面对顾客的并不是管理者而是员工，所以要教育、培训好员工。

忠告

再让我们来看看东京迪士尼乐园员工培训的案例：

◎ **案例**

东京迪士尼乐园

东京的迪士尼乐园，每年都会有数以千万的游客来参观。如此巨大的游客流量，与东京迪士尼乐园对员工培训的重视息息相关。

一、重视员工培养，引客回头

经营酒店或游乐园，肯定不希望顾客只来一次。如果今天一对夫妇带小孩来逛游乐园，这小孩长大了以后会再来吗？他会带他的女朋友再来吗？将来他的小孩又会再来吗？如果回答是肯定的，就叫作引客回头。住酒店也是同样的道理，很少有酒店去注意一位顾客会不会来第二次、第三次……只是强调让顾客来住店，却没有想到引客回头。然而，东京迪士尼乐园在“让老顾客回头”这个问题上颇动了一番脑筋。

到东京迪士尼乐园去游玩，人们碰到经理的可能性很小，他们只会碰到一次门口卖票和检票的工作人员，碰到最多的就是清洁工。东京迪士尼乐园非常重视对清洁工的培养，将更多的训练和教育集中在他们身上。

二、从清洁工开始培训

东京迪士尼乐园有些清洁工是打工的学生，虽然他们可能只工作两个月，培训他们却要花 3 天时间。以下是乐园针对清洁工的培训内容：

1. 学扫地

第一天上午要培训他们如何扫地。扫地要用三种形状、用途不同的扫把：一种是用来扒树叶的，一种是用来刮纸屑的，一种是用来掸灰尘的。怎样扫树叶才不会让树叶飞起来？怎样刮纸屑才能把纸屑刮得很好？怎样掸灰尘才不会让灰尘飘起来？这些看似简单的动作却都经过了严格培训。而且在他们扫地时还另有规定：开门、关门、中午吃饭、距离客人 15 米以内等情况下都不能扫地。所有规范都要认真培训，以确保清洁工严格遵守。

2. 学拍照

第一天下午要让他们学习拍照。一方面，要熟悉各种拍照工具，无论是傻瓜相机、单反相机，还是各种型号的手机，都要熟练掌握拍照模式。另一方面，要学会简单的拍照构图，要尽可能把人拍得更漂亮、更自然，通过拍照，给顾客留下一段美好的回忆。

3. 熟悉地图

第二天上午要熟悉整个游乐园的地图。有人要上洗手间，“右前方，约 50 米，第 3 号景点东，那个红色的房子”；有人要喝可乐，“左前方，约 150 米，第 7 号景点东，那个灰色的房子”；有人要买邮票，“前面约 20 米，第 11 号景点，那个蓝条的房子”……顾客会问各种各样的问题，每一名员工要把整个游乐园的地图都熟记在脑子里，对它的每一个方向和位置都要非常明确地掌握。

…………

训练 3 天后，发给员工 3 把扫把，开始清洁工作。在迪士尼乐园里面，碰到经过上述训练的员工，人们会觉得很舒服，会增加再来迪士尼乐园玩的概率。

三、财务人员也要直接面对顾客

财务人员很少接触顾客。但是，东京迪士尼乐园规定：财务人员在工作最初的两三个月中，每天早上上班时，要站在大门口，对所有顾客鞠躬、道谢。因为顾客是员工的“衣食父母”，员工的薪水来自顾客。所以，首先要让财务人员感受到顾客是哪些人，再回到办公室中去做财务工作。这样做，就是为了让财务人员充分了解顾客。

四、其他重视顾客、重视员工的规定

1. 怎样与小孩讲话

到迪士尼乐园游玩的小孩有很多，每当碰到小孩问问题时，东京迪士尼乐园的员工都要蹲下，眼睛跟小孩的眼睛要保持在同一个高度。因为这些小孩是未来的顾客，将来可能都会再回来的，所以要特别重视。

2. 怎样对待走散的小孩

从开业至今的几十年里，在东京迪士尼乐园曾经有数万名小孩与家长走散过，但最终都找到了家长。对东京迪士尼乐园来说，重要的不是找到小孩的家长，而是在小孩走丢后游乐园从不广播。试想，如果听到这样的广播："全体妈妈请注意，全体妈妈请注意，这边有一个小孩，穿着黑裙子白衬衫，不知道是谁家的……"相信所有妈妈都会吓一跳。

解决方法是，在东京迪士尼乐园里设立了多个托儿中心，只要发现小孩与家长走散，员工就会用最快的速度把小孩送到托儿中心，并从小孩的衣服、背包来判断他大概是哪里人，衣服上有没有绣着他们家族的姓氏；通过询问小孩家里有没有哥哥、姐姐、弟弟、妹妹等，来判断他们父母的年龄；有的小孩年龄太小，描述不出妈妈的样子，就要想办法在网上寻找，尽量用最快的方法找到小孩的父母：然后立刻用车把小孩的父母接到托儿中心，这时小孩可能正在喝可乐、吃薯条、啃汉堡，过得很快乐。这就是东京迪士尼乐园的员工服务。他们就是这样帮助数万名与父母走散的小孩找到父母的。

3. 怎样送货

东京迪士尼乐园里有喝不完的可乐、吃不完的汉堡、享用不完的三明治、买不完的糖果，但奇怪的是，从来看不到送货人员。因为他们规定，不准在顾客游玩的区域里送货。东京迪士尼乐园的地下像一个隧道网，一切食物、饮料都在围墙外面进入地道，在地道中搬运，然后再从地道里面用电梯送往地面。

东京迪士尼乐园通过对员工培训的重视来重视顾客。也正是因为这种重视，顾客才会源源不断地光顾。去东京迪士尼乐园玩十次，大概也看不到一次经理，但是只要去一次就能看得到他的员工在做什么、是怎样做的。这就是前面所讲的，顾客要在最上层，员工去面对顾客，经理人作为基础来支持员工，每个经理人都应该树立起这样的观念。

塑造权威

作为一名经理人，让员工接受自己的管理，靠的是什么呢？答案是：权威。如何塑造权威呢？首先我们要探讨经理人的权威来自哪里，然后分析其权力的强弱要素，最后归纳出经理人应如何在具体的工作中培养和展现自己的个人魅力，进而树立起权威。

抓住机遇施展才华

一个人能不能成为一名成功的经理人，是取决于他的个人特质，还是看机遇是否垂青？换句话说，是“时势造英雄”，还是“英雄造时势”？有这样一句话让人印象深刻，“不要空等伟大的机遇，要抓住每天之中最普遍的机遇，并等它们变成伟大的机遇”。

一个人很努力，但是没有机遇就很难成功；一个人有很多机遇，倘若自身素质不过关也很难成功。作为职业经理人，一方面要时刻修炼自己的内功，另一方面，也要在机遇来临时，敢于当仁不让、做出决断。

◆ 什么人才算英雄

所谓的英雄和伟人不一定非要像国家领袖那样，做出惊天动地的大事。如果一个人尽到自己的本分，把本职工作完成得非常出色，那也可以算是本行业的英雄。

每个人的管理范围都不尽相同，有的人能够为 10000 个人服务，那么他的管理范围就是 10000 人；有的人能为 1000 个人服务，他的管理范围就是 1000 人；有的人只能为 100 个人服务，他的管理范围就是 100 人。问题不在于是 10000 人、1000 人还是 100 人，而是看他能不能尽到自己的本分，能不能在自己的职责范围内像一位伟人那样彰显自己的能力，把该做的事情都做好。

凡是能在自己的本职岗位上精耕细作，并为人民、为社会做出贡献的人，都是时代的英雄。

◆ 珍视机遇

机遇对人的一生非常重要，机遇能改变一个人的命运。我认为，人一辈子只有 7 次机遇，两次机遇之间相隔大约 7 年，大概 25 岁以后机遇就开始出现，经过 50 年的时间，到 75 岁以后就不会再有什么机遇了。在这 50 年内的 7 次机遇里，第一次机遇不容易被抓到，因为太年轻；最后一次也不用抓，因为太老了；中间只剩下 5 次机遇，这 5 次机遇里面又有 2 次容易不小心错过，所以实际上人们只有 3 次机遇。机遇只属于做好准备迎接机遇的人们。

◎ 案例

人生的 3 次机遇

小王一生中有 3 次重要机遇，他都抓住了：第一次机遇是大学毕业后进入到国际一流企业——一家航空公司工作；第二次重要机遇，是能够去美国和英国读书，获得了博士学位，丰富了自己的学识；第三次机遇是能够进入钢铁同盟，做一名高级管理者，既增长了才干，视野也愈加开阔。

◆ 国内有很多施展才华的机遇——别错过身边的“风景”

国内很多人想要移民，有人要移民澳大利亚，有人要移民新西兰，有人要移民加拿大。然而中国是世界上最有潜力的一个国家之一，世界 500 强企业都在纷纷来中国寻找发展机会。改革开放以后，不论是北京、上海、广州等大都市，还是一些中小城市，处处都充满着商机。今天的中国，不仅是世界工厂，还成了世界市场。随着我国居民的消费能力不断提升，巨大的消费能力也给企业的发展带来了巨大的机遇。

尤其是近年来，随着移动互联网的发展，中国创业者的机会越来越多。创业的门槛也相对在降低，创业不再局限于少数精英群体，而是飞入了更多寻常百姓家。

成功经理人应该具备的特质

经理人要具备现代化的多元视角，只要你具备卓越的专业技能，下属就会信服你，自然就呈现出经理人的权威。

诚实是情商的基础，是领导群众的基础，更是充分发展一家企业的重要基础。

忠告

◆ 杰出人士的 5 项特质

社会科学家们在研究了世界上 250 位最杰出的军事家、哲学家、艺术家和科学家后，发现要成为一位杰出人士需要具备 20 个条件，在这里我们把它们浓缩成 5 项特质：

1. 智力

高智商是杰出人士的第一个条件，事实证明，要想成为伟人，没有聪明的头脑是不行的。

2. 监督力

监督力就是指通过各种手段使一项命令、一项工作按照自己的意愿实施下去的能力。

3. 自信

自信是指一个人对自己有恰当、适度的信心。既然是适度，就不能过分，过分则为自大；也不能不及，不及则为自卑。自信是心理健康的重要标志之一，也是一个人取得成功必须具备的心理特质。

4. 积极主动

为了实现目标，杰出人士总是能够积极主动地面对一切挑战，表现出超凡的勇气和进取心。

5. 果断

做事情能够持之以恒、有魄力，而且一旦思考成熟，就立即着手去做，而不是开始做之后又畏首畏尾。

◆ 成功经理人的处事习惯

成功的经理人在处理事情时一般都有下面 5 种习惯：

1. 积极主动

为了实现目标能够主动创造有利环境，增强面对新的挑战并承担责任的勇气。

2. 要事第一

着重于首先完成最重要的事情，能分清轻重缓急，鼓励个体采取积极的行动和优化行动组合。

3. 双赢思维

鼓励寻求解决冲突的方法，帮助个体寻求有利于双方的解决问题的途径，提高团队凝聚力。

4. 知己知彼

通过培养聆听的技巧，增强个体了解和沟通的能力，由此提高相互之间的信任程度。

5. 不断更新

防止精疲力竭的工作或生活方式，通过对人际、身体、精神和智力四个方面的不断改善来提高工作效率。

◆ 经理人增强个人魅力的途径

增强经理人个人魅力的途径有很多，不同的人也有不同的侧重点。我们在这里要强调的是以下 4 个方面：

1. 不要过于固执己见

经理人一定要心胸宽广，所谓“海纳百川，有容乃大”，就是说要能容纳不同的人和不同的意见，既能坚持原则，又能灵活处理。有些经理人性情比较暴躁，尤其是别人提出异议时，第一反应就是反驳，这样不仅不能使问题得到解决，还可能激化矛盾。所以有些情况下，不要过于固执己见，不要急于表达自己的反对意见，这是很有必要的。

2. 不要总认为自己是对的

很多经理人总是固执地认为自己才是对的，自己才是专家，对别人的意见尤其是年轻人的意见不屑一顾，让人觉得很难沟通，而且有时候还死要面子，自己明明错了也绝不肯承认。殊不知，能承认错误并勇于承担责任的领导，才是最受下属爱戴的领导，可惜很多人都做不到这一点。

3. 不要轻易怪罪下属

行为学当中有一个波特定理，说的是当遭受许多批评时，下属往往只能记住前面的一些，其余的就不听了，因为他们忙于思索论据来反驳前面的那些批评。

管理名言

当遭受许多批评时，下属往往只记住前面的一些，其余的就听不见了，因为他们忙于思索论据来反驳前面的那些批评。

——英国行为学家 L.W. 波特

工作出现问题时，有些经理人往往会很直率，火冒三丈，根本不给下属解释的机会，或者虽然允许其解释，但实际上自己什么也听不进去。其实直率不是错，但问题在于，很多时候事情并不像你看到的或想象的那样。作为经理人，应当尽快让自己平静下来，非常理性地倾听下属的意见。如果问题跟自己有关，还要主动承担自己应负的责任；如果问题跟自己无关，也要表示自己愿意承担责任。一味地寻找和强调下属的错误，要求清算，这只是无能经理人的做法。总之，总盯着下属的失误，是经理人的最大失误。

管理名言

我最信奉的是员工的力量。我相信如果他们犯了错误，应该让他们明白这并不会导致恶果。真正能够导致恶果的，是犯了错误却竭力加以掩盖。

——花旗集团经营格言

4. 保持适度的威严

脾气好、和善的经理人，不一定就能得到大家的拥戴，因为下属往往会认为你是个不错的朋友，但却不是好的领导。成功的经理人是恩威并施的，和下属在一起时一定要保持管理者的适度威严。这个“恩”并不意味着“与人为善，同情弱者”，这在日常生活中和同事、朋友相处时也许是个不错的品质，但是对于经理人这个身份而言却未必好。

如果注意观察，你会发现，没有一名经理人会在工作上“同情弱者”。经理人是干什么的？就是以你个人的魅力影响下属，让他们为了团队目标而工作。你应该做的是：不替下属做工作，只是制定目标，指明方向，监督检查，奖好罚坏，如此而已。

明确经理人的权力基础

一个人要行使他的权力，首先要弄清楚权力的基础。一般说来，权力可分成弱、强两类，弱的权力包括合法权、报酬权和强制权，强的权力包括专家权和典范权（见图 1–2）。

弱
- 1 合法权——组织制定
- 2 报酬权——利益引诱
- 3 强制权——惩罚威胁

强
- 4 专家权——专业技能
- 5 典范权——人格魅力

图1–2　经理人的权力基础

◆ 弱的权力

1. 合法权

平时大家所说的“有没有权力做某事”，指的就是合法权。组织安排你担任某种职务，你就具有了在这一职位上的合法权。其实这是经理人权力中最弱的一个。中国人有句古话，叫作“阳奉阴违”，别人可以在表面上承认你、服从你，但转过头时就可以违背你。因为权利是组织赋予的，员工的服从往往只浮于表面，很难靠合法权让员工心甘情愿追随你，所以合法权也是最弱的权利。

2. 报酬权

狭义的劳动报酬，指劳动者因某种劳动关系而取得的报酬，尤其是员工的劳动报酬。在我国，工资是劳动者获得报酬的基本形式，是企业、事业、机关、团体等用人单位按照劳动者劳动的数量和质量，根据国家规定的标准，以货币形式支付的。

这里所讲的报酬权，与劳动法所讲的报酬权不同，是指企业管理者在一定范围内拥有的调整员工报酬的权力。在实际工作中，经理人可以根据员工的表现给员工加薪或减薪，这是激励员工的一个有效手段。但这只是一种管理的辅助手段，所以也是一项比较弱的权力。

3. 强制权

街上的交通警察只要做个手势，违反交通规则的人就要在路边等候处罚。交通警察并不是违规者的长官，也不是他们工作中的上司，但是他具备惩罚的权力，这就是交通警察的强制权。同样，经理人拥有决定职员去留、职位变动的权力，这也是一种强制权。这种强制权可以对员工产生威慑力。但是，具有较高管理水平的经理人是不会把对员工的惩戒经常挂在嘴边的。

作为企业的管理者，以上 3 种权力的实施，都带有一定的强制色彩，使员工接受管理成为一种受外力所迫的情形，而不是发自内心地自愿接受管理，这就使企业员工的工作效率大打折扣。所以，我们称以上权力为弱的权力。

◆ 强的权力

作为一名经理人，最需要的权力是图 1-2 中的另外两种权力——专家权和典范权。

1. 专家权

专家权，一般指具备专业技能，在某个领域里具有独到而高超的见解。这是一种广义的解释。作为一名经理人，如果是从基层开始做起来的，那么他会具有一定的技术能力和专业技巧。但随着职务的提升，他的管理能力、协调能力也许在逐渐提高，专业技能却可能会慢慢降低，这就会导致他在专业技术方面做出的指示不具有权威性，影响其在员工心目中的形象。

成功的经理人必须要通过不断学习，才能具备综合性的知识背景。如果一个人既具备管理才能，又具备专业技能，那么他就拥有了专家权，下属就会自然而然地服从他，把他作为一位博学的管理者，那他也就水到渠成地拥有了身为经理人的权威。

◎ 案例

学习的习惯

李先生在航空公司当督导时，每天下班回到家后都已是深夜 1 点了，但他不休息，还要看财经新闻、经济报道。当时他已经 50 岁了，在临睡前还不忘利用点滴时间来不断充实自己，这种随时充电的做法已经成为他的生活习惯，所以他一直是一名合格的管理者。那些抱怨没有时间而每天却忙于喝酒应酬的人都应该思考一下：是不是真的没有时间学习、充电？

作为现代化企业的经理人，要使自己的管理才能多元化，不仅要懂得与管理工作直接相关的管理学知识和专业技能，还要懂政治学、经济学、货币学、银行学、贸易学、金融学等，甚至还要懂艺术学和美学。

多元化技能包含很多内容，我们在这里要强调的有两点：一个是金融，一个是艺术。

第一，先来看金融。

在市场经济条件下，绝大多数事情都跟货币有着密不可分的关系。例如中国的人民币升值或贬值对钢铁厂有什么影响？对汽车厂有什么影响？对电脑公司有什么影响？

其实人民币在国际上是强势货币，可是在国内，人民币是弱势货币，因为我们的物价、土地和劳动力价格都在上涨。由此可知，人民币在国内的币值是下跌的。这样人民币在国际和国内的换算就会产生反差和落差，这在国际金融学里面被称为流动性悖论 (Liquidity dilemma)。

那么，人民币是强是弱，是升值还是贬值，跟我们企业有什么关系呢？如果人民币升值，国内有很多企业可能会经营不下去；如果人民币贬值，国内就会有非常明显的通货膨胀。这就是人民币升值或贬值带来的问题。

◎ **案例**

张爷爷的存款

张爷爷出生在北方一个普通的小县城。他年轻的时候，跟同伴一起去南方做起了小买卖，到2000年的时候，就已经攒下了10万元钱。这10万元钱在当时是一笔巨款，在县城里可以买下两套不错的房子。当时也有很多人劝张爷爷买房，可是张爷爷一辈子穷怕了，不愿把钱花出去，也不敢投资，最终只好把钱存在银行里。看着每月不断到账的利息，张爷爷非常高兴。

十多年过去了，张爷爷的钱，还是那10多万，可是现在能买到的东西已经跟当时不可同日而语了。张爷爷始终不明白，自己的钱怎么突然就不值钱了呢？

如果张爷爷能够懂一点儿金融知识，就会知道通货膨胀究竟有多可怕，也就不会一直守着存款不肯消费和投资了。可见，掌握金融知识对一个人来说有多重要，对普通人尚且如此，更别提掌管着一家企业的经理人了。

第二，来看看艺术。

也许你会问：管理怎么会跟艺术有关系呢？

20世纪最著名的物理学家阿尔伯特·爱因斯坦曾经说过："照亮我人生道路的有两样东西，一样是艺术，一样是科学。"有一样是科学，这很好理解，因为他是科学家，对于他所提及的艺术，我们该怎么理解呢？

管理名言

照亮我人生道路的有两样东西，一样是艺术，一样是科学。

——阿尔伯特·爱因斯坦

艺术是一种修养，是一种追求个性与美的理念。曾任北大校长的蔡元培先生认为中国人缺少美学教育，他建议大家多去看看美术展览，多去参观博物馆，有空的时候还可以多去大剧院听歌剧。这些对于陶冶人的情操、提高艺术修养，都是大有裨益的。

缺少艺术感的人，在任何领域里，充其量只是一位高级技师。

这里要特别介绍一下美国加利福尼亚的酒厂。他们认为要把酒做好，人本身要追求完美，而人要追求完美，就需要艺术熏陶。于是他们想了很多办法：例如定期举办音乐会，经常请乐团来公司为员工演奏；在公司里摆了很多雕塑，供大家欣赏。想想看，当欣赏音乐和雕塑时，你的感觉是不是很好？你的心情是不是很好？你做事情会不会也追求一种美？艺术本身就是一种美，当你在追求美和被美熏陶的时候，你做事情就开始趋向完美了。

艺术，在生产中是一种品质，在服务中是一种境界，可以促进企业追求卓越，追求完美。无论是普通员工，还是经理人，都要注重提高自身的艺术修养。

总之，面对这样一个竞争的社会、这样一个开放的系统，经理人应该主动、自发地充实各方面的知识，如果不能用知识和专业技能武装自己的头脑，就很难在员工中树立起威信。

管理名言

> 最武断的独裁者的影响力，比不上与下属一同奋战的领导人的影响力。
>
> ——犹太箴言

2. 典范权

典范权包括3个方面：一是自信加负责，二是道德加操守，三是牺牲加贡献。一个人越富有个人魅力，他的典范权就越大。在很多情况下，个人魅力会转换成一种典范的力量，让很多人效仿。

◎ **案例**

周总理的个人魅力

周恩来总理去世后，联合国为他降了半旗，这样的事情在联合国是非常罕见的，引起了某些国家代表的不满。他们质疑，他们的总统或总理逝世了，联合国为什么不降半旗？为什么中国的周恩来逝世后，联合国为他降半旗？联合国给出的答复是这样的："各位代表，中国是一个近十亿人口的大国，他们的总理，掌管着那么多资源，在世界各地居然没有他的个人存款；周恩来先生没有子女，全中国的孩子们都是他的子女。你们哪个国家的总统或总理如果像他一样，其去世后联合国也会为他降半旗。"

这就叫作个人魅力。周恩来总理是被世界公认的值得尊敬的人，深受世界人民的爱戴，所以人们以这样的方式表达哀思。

◎ 案例

特蕾莎修女

2009年10月4日，诺贝尔基金将1979年和平奖得主特蕾莎修女评选为诺贝尔奖百余年历史上最受尊崇的三位获奖者之一。

特蕾莎修女是阿尔巴尼亚裔人，早年在英国受教育，她在印度加尔各答为难民服务时没有穿过鞋，有人问她："特蕾莎修女，你怎么不穿鞋啊？"特蕾莎说："我服务的印度大众都太苦了，他们很多人都没有鞋穿，我如果穿上鞋，就会感觉与他们的距离太遥远了。"戴安娜王妃访问印度时，亲自去见特蕾莎修女，她发现特蕾莎的脚上没有穿鞋后跟别人讲："我与她握手的时候，发现她没有穿鞋，但我脚上却穿了一双白色的高跟鞋，真让人羞愧。"

南斯拉夫内战爆发后，特蕾莎对一方的指挥官说，战区里面那些可怜的女人和孩子还没有逃出来。指挥官说："修女啊，我想停火，但对方不停，没办法。"特蕾莎说："那么只好我去了。"于是特蕾莎只身走进了还在开火的战区，当双方的指挥官在望远镜中看见特蕾莎修女的身影后，立刻下令停火，等她把那些可怜的女人和孩子带走以后，双方才重新开战。

后来，特蕾莎修女在印度逝世，印度为她举行了国葬。就在特蕾莎修女的遗体被抬起来的时候，在场的印度人都跪在了地上，这其中也包括印度总理。虽然特蕾莎修女在印度没有任何官职，但是她的行为堪称典范，所以她在去世后能够得到一个国家赋予她的光荣。

以上所举的例子向我们展现了典范的力量，只有当一个人的行为成为典范时，他才可以拥有典范权。如果经理人拥有这样的力量，那么他的员工将会由衷地服从他的管理。

诚信为本：认识自己，了解客户，投入地工作

一名优秀的经理人如何彰显个人的魅力？要看他的情绪商数（EQ）。情绪商数的最高风范是八个字："负起责任，培养自信。"而它的基础来自诚信。对于企业管理者而言，诚信是立业之本，如果企业的诚信遭到质疑，那么企业的生存就会出现危机，更不用说管理了。要做到诚信，经理人必须做到以下 3 点：认识自己，了解客户，投入地工作。

◆ 认识自己

诚实地认识自己，即对自己要讲诚信，对自己进行客观的评价。只有真正认识自己的人，才能正确地认识他人。管理学家劳伦斯·彼得根据大量管理者不能胜任的失败实例，分析归纳出彼得原理，其具体内容是："在一个等级制度中，每个员工趋向于上升到他所不能胜任的地位。"

劳伦斯·彼得指出，每一个员工如果在原有职位上工作成绩好，就将被提升到更高一级的职位；其后，如果继续胜任则将进一步被提升，直至到达他所不能胜任的职位。由此导出的彼得推论是："每一个职位最终都将被一个不能胜任其工作的员工所占据。"人们总是以为爬得越高就代表越好，可是环顾四周，我们看到，这种盲目往上爬

的牺牲者比比皆是。

一名成功的经理人既要做到肯定自己的能力，发挥自己的优势，又要摆正自己的位置，找准存在的不足。秉承做人要知足、做事要知不足的态度，不断地充实自己、丰富自己。

◆ 了解客户

诚实地对待客户，即对客户讲诚信，真正关心、了解客户需要什么样的产品和服务。在实际生活中，很多企业并不真正了解客户，如中国的电信市场目前“天下三分”：中国电信、中国移动、中国联通，它们彼此之间似乎开始了激烈的竞争，但因为在某种程度上，电信行业还存在着垄断色彩，所以真正的竞争还没有开始。如果国外的企业也投入中国的电信运营，那么了解客户需要、诚信为本就可以真正凸显出其重要性，成为企业在竞争中成功的关键。

◆ 投入地工作

诚实地对待工作，即对企业讲诚信。由于经理人自身的机会源于企业，所以保障企业的利益就是维护经理人自身的利益。投资人和企业给予经理人成就事业的机会，那么经理人就要全身心地投入工作，争取以最大的效益回报企业，以维护企业利益为己任。

负起责任与培养自信

◆ 负起责任

负起责任就是直接面对问题，迅速解决问题。工作中难免出现差错，经理人要有勇气一肩挑起，替员工承担责任，并迅速解决。在领导面前尽量不要提起员工的名字，之后再去和员工研究这是谁的错，以后将如何避免，这才是解决问题的最佳方式。

◆ 培养自信

负起责任，讲的是经理人要勇于负责；而培养自信，则是指要给下属犯错误和改正错误的机会。很多大企业都有这样的管理哲学，那就是容忍员工犯错，容忍员工犯错是企业应该支付的成本。员工不学习是不可能取得成功的，不让他有犯错的机会，他就很难吸取教训，总结经验。

当然我在这里并不是鼓励、纵容员工犯错，而是提醒经理人们要在员工犯错之后给他改正的机会，告诉他正确的做法，让他在实践中继续摸索前进。这样，员工在面对困难时，才会有克服困难的勇气，才不会因为自己没有做过且害怕犯错误而畏首畏尾。这是培养员工处理问题时具有自信心的一个方法。当员工知道自己不会因为犯错误而不被原谅时，他就会勇于探索和创新。

◎ **案例**

跳板的挑战

清晨，游泳馆，一个3岁左右的小女孩，站在跳板上，考虑要不要往水里跳。跳板不高，离水面大概有1.5米，但是对一个3岁的小女孩来讲，那可真是一个挑战，她犹豫了半天不知道自己要不要跳下去。她的爸爸和妈妈正好坐在旁边和别人聊天，妈妈无意中回头看到了她，她也在看着妈妈，妈妈做了一个手势，让她试试看。小女孩笑了一下，扑通，跳下去了，妈妈看到孩子跳下去了，就站起来看着她自己游上岸。一个3岁的小女孩，也许还分不清什么是自由泳、蛙泳、仰泳和蝶泳，但她自己能游上岸了，爸爸妈妈因此为她喝彩。此时，一个小男孩，大概7岁，也想效仿一下，往跳板上走。他的脚刚刚踏上跳板正要准备跳时，他的妈妈在20米以外猛冲过去，大叫一声把他拉了下来……

通过案例中两个孩子的妈妈对两个孩子尝试跳水的不同态度，我们可以看出，只有允许和鼓励小孩子进行尝试，他才能有勇气去做从未做过的事情。这与上文我们所提倡的要给予员工犯错误和改正错误的机会是一样的道理。

本章小结

在实际管理工作中，很多企业都过于重视经理人的作用，把有利的条件和教育机会让给他们，却忽略了与顾客直接接触的员工，员工接受在职深造的机会少之又少。成功的经理人，不仅要力争自己成功，更要想办法让员工成功，以此来实现企业成功的最终目标。东京迪士尼乐园的员工培训是一个成功的案例。

作为一名经理人，应该靠什么让员工信服你，接受你的指挥和管理？靠的是权威。如何塑造自己的权威呢？要抓住人生中的机遇，努力培养个人的五个特质（智力、监督力、自信心、积极主动、果断），明确经理人拥有的五项权力（合法权、报酬权、强制权、专家权和典范权），掌握好这些权力的强弱关系，特别重视专家权和典范权这两种强大的权力。

认识自己，仔细了解客户，积极投入工作。真正“负起责任，培养自信”，提高自己的情商，做一个具有权威的经理人。

第二章

提振企业团队精神

一个人做生意，两个人开银行，三个人搞殖民地。

——英国谚语

强化团队意识

中国有句俗语："一个和尚挑水喝，两个和尚抬水喝，三个和尚没水喝。"但英国人的谚语却是这样讲的："一个人做生意，两个人开银行，三个人搞殖民地。"虽然搞殖民地的意识是绝对错误的，但不得不承认英国人的团队意识是优秀的。

这里有一个传统观念与新观念的转化问题，在传统的观念中，企业以职务为中心，以职务功能划分部门，各部门之间相互独立，缺乏横向联系。新观念关注的是如何将部门和部门之间的断层衔接起来。很多企业缺乏相互合作，断层衔接不当，这是缺乏团队意识的表现。

怎样才算拥有一个团队

有两个词经常被混淆，在汉语里一个叫"团队"，一个叫"群体"；在英文里一个叫"team"，一个叫"group"，这两个词的词义有着本质区别。

所谓群体，就是一群男人与女人（a group of men and women）的组合体，可能只是一群乌合之众，并不具备很高的战斗力。所谓团队，也是一群男人和女人的组合，但又不仅仅是这些——团队是有核心、有凝聚力和战斗力的组织。团队一定是群体，但群体却并不一定是团队。管理者要衡量自己的员工队伍算不算是一个优秀的团队，就要看他们是否满足下面 3 个条件：

◆ 具有自主性

在没有管理者进行监督的情况下，员工仍能自主做事，企业仍然能正常运作，用不着逢事都向管理者打手机请示，这就是一个具有自主性的团队。可以这样说，员工向上级请示的次数越多，就表明员工的自主性越差；反之，员工参与决策越多，团队自主性就越强。

南方航空公司的空中小姐在飞机上很少慢悠悠地走，都是快步地走，有的时候甚至一路小跑。飞机起飞至平稳状态以后，她们就会推着装有饮品和食物的小车，一路走过来寻问乘客需求，如果分完了就又返回去拿，再分完了再拿，来回大约要跑个五六趟。这就叫作自主性。

一些企业的管理者喜欢随身带着手机，出门在外，手机不离身，以便随时听下属汇报工作或是解决一些突发事件。即使下属不打过来，自己也很想给下属打，给人的感觉就是：这个企业不能没有我。

你有没有想过，这些电话中，有多少是事先已交代过处理方法，可以不用重复请示的？有多少是下属自己就可以解决而没有必要请示汇报的？

倘若在你的企业也存在这样的现象，你需要反省一下自己的企业是否存在的这两个问题：

第一，员工自主性不强。没有创造性、不能自己做判断的员工，往往喜欢说“你又没有说，领导”或“你又没有讲，领导”。也就是说，员工缺乏一定的判断和独立处理工作的能力，不会自动自发地解决问题，工作意愿和工作效率太低。但是一个管理者是永远不可能把细节全部提前讲清楚的。如果员工的自主性很强，很多问题可以顺利解决而不需要打手机进行请示。

第二，管理者不懂得授权。管理者习惯于总揽大权，将权力“一把抓”，事无巨细都要亲自过问，所以不会用制度、文化去规范员工行为，不会训练、教育下属自动自发地工作，自己也就不能放心大胆地外出做自己应该做的事。

◎ **案例**

遗落的护照和机票

有一天，美国一家汽车百货公司，来了一位客人——罗伯森先生：“小姐，我要买一个 ××，赶快帮我包一下，我要赶飞机啊！”服务员很快把他要买的东西包好。拿了东西后，罗伯森先生马上打车走了。10 分钟以后，服务员在整理柜台时发现了罗伯森先生的护照和机票。

她是怎么处理的呢？那个服务员马上说：“威廉、皮特、迈克，你们看一下店，我马上把护照和机票给罗伯森先生送过去。”然后她赶紧打车赶往机场。到了航空公司的柜台一打听，罗伯森先生还没有到，于是，服务员马上给公司打了一个电话：“我现在在航空公司的 28 号柜台，如果罗伯森先生来了，就告诉他，我拿着他的护照和机票在这里等他。”这个服务员剩下的工作，就是手拿护照和机票，站在航空公司的柜台前等候。

不久，罗伯森先生上气不接下气地匆匆赶过来，服务员将机票和护照送还给他，罗伯森先生就开始掏皮夹了：“我应该付多少钱？”“不用了，先生，只要您下次缺什么东西想到我们就好了，祝您一路平安，旅途愉快！”然后她就走了。

如果这件事情发生在你的企业，有人把护照和机票不小心落在你们的店里，你的员工会冲向机场吗？你的员工会不会自己做判断，想出方法来为客户服务？他们的想法可能是：“噢，不要管，反正跟自己没关系”，或者就算是有点“管闲事”的想法，考虑到需要自己付费打出租车，企业不给报销，也许就不愿意去做了。员工自主性不强，企业文化氛围要负一部分责任。

韩国三星集团是怎样做的呢？充分授权现场人员，为顾客提供真正的服务。第一，由现场人员自己做最有力的判断；第二，现场人员一旦听到顾客有任何不满或建议，应该立刻报告总部。韩国三星集团规定，报告顾客的不满和建议，不能够迟过第二天。所以韩国三星集团的成功绝对不是偶然的。

如果你已经意识到自己的员工缺乏自主性，也不必太过紧张。上海微软全球技术支持中心的员工，大多是从上海高校招募培养起来的，最年轻的部门经理只有 24 岁，大学毕业才两年；下属达五六十人的高级经理，也才大学毕业四五年，都没有出过国。尽管年轻，但是他们的管理业绩，却拿到了美国“比尔·盖茨总裁杰出奖”，他们的团队被评为微软亚洲地区优秀管理队伍。这个例子告诉我们，团队精神不是天生就有的，团队精神需要培养，而且是可以培养出来的。

那么，怎样培养员工的自主性呢？也就是怎样才能做到自动自发呢？应该在日常工作和生活中养成主动关切和主动回报的习惯。

1. 主动关切

主动关切其实是一种习惯，也是一种道德和修养。它不仅体现在一个人的工作中，更体现在一个人的生活中。

◎ **案例**

街头迷路

一个中国男孩到新西兰去读书。有一天，他在新西兰最大的城市奥克兰的大街上，打开了地图寻找一个地方。不久，就过来两位新西兰妇女问他："Missing（丢啦）？""Get lost（迷路啦）？""Any help（要帮忙吗）？"

如果在我们居住的城市，你看到有外国游客在看地图，你会不会主动地问："Missing（丢啦）？""Get lost（迷路啦）？""Any help（要帮忙吗）？"

2. 主动回报

主动回报，就是回头报告的意思。你交代给下属一件事情，是否非要等到你问他进展情况时，他才回答呢？他会提前主动地向你回报吗？作为企业管理者，首先应该让下属养成主动回报的习惯。

回报不等同于汇报。回报的意思不是报答，而是回去报告。

每年到了年底，员工就开始做工作汇报了。一般做工作汇报，是报喜不报忧。今年达标了，得到了多少收入，拿到了多少利润，指标完成了多少，又给企业带来了多少利润，企业的成长率有多大，明年的目标又是什么，将来可以拿到多少个亿……这全都是一些美丽的数字。

可见，汇报是下属对上级汇总说明，而回报强调的是双向的、自动的回馈，就是大家常说的反馈。管理者应要求下属对上司不断地回报，并要随时紧盯，直到他养成这个习惯为止。

回报不是只汇报他做到哪里，还要报告他发现了什么问题，他认为原因是什么，他自己悟出了什么方法……这才是关键。如果没有这种氛围，每天都是不断地敲门进去请示，上司如果又自以为比别人脑子好使，下属就失去了思考的机会，更不要说主动解决问题了。

主动回报跟团队精神有什么关系呢？我们可以转换角色考虑一下，把自己当成一名员工，那么上司交代的事情，下属是不是应该把它记下来，不管做到什么程度，定期向上司回报？这样做了，就说明你很关注企业的事情，关注企业的发展，体现出你对企业的一种认同感。

主动回报，目的有两个：一是让上司放心。因为管理者把任务交代给了员工，并不知道他做了没有。所以每到一个阶段员工回报一下，会让管理者更放心。二是万一做错了，可以及时进行修正。偏偏很多员工，都是等到上司来问时才开始讲，等到问题严重时才想办法解决，往往酿成大错，这就是没有养成回报的习惯造成的。

◎ 案例

接客户电话

有一位客户打电话找许小姐，接电话的李小姐回答说：“对不起，许小姐出去了。您是哪里？方便的话请留下电话，等她回来时让她打给您。”对方留下了电话，可是许小姐那天直到下班都没有回来。

于是李小姐打电话给那个客户，说：“卫老板，许小姐没有回来，我们快要下班了，您看需不需要我继续联系，想办法今晚找到她，然后让她打电话到您家去？或者等到明天早上告诉她，请她一大早就打电话给您？”卫老板说无论如何都要许小姐当天晚上给他一个电话。那天晚上，李小姐最终把许小姐找到了，晚上8点钟许小姐给卫老板回了电话。

事后卫老板将此事告诉了该企业的总经理，总经理对李小姐有了深刻的印象。作为客户，卫老板也非常信赖李小姐，有了业务也经常指定李小姐接手。

仅仅一个小小的回报，就给顾客一种完全不同的感觉。但是很多人都没有形成回报的习惯，所以管理者要督促下属养成这种习惯。

回报并不需要花很多时间，不一定要开会，也不一定要写报告，更没必要站在会议室里报告30分钟，一句话叫作回报，一个便条也叫作回报。如果你的下属都比较沉默，缺乏主动性，你就可以尝试着故意不主动询问，看看谁会给你回报。一旦他们不回报，你就马上问，马上督促，并且告诉他们，以后你的眼睛一看到谁，谁就要马上向你回报，想到有什么事情就可以告诉你，不要等你来问。如果每一个管理者都能够这样要求下属，每一个下属都能够这样去执行，这个团队就牢固了，就不会脱钩，不会断裂了。

◆ 具有思考性

思考性就是指什么事情、什么方法都要自己去思考，这是成为优秀团队的第二个前提。

企业中普遍存在这样一种现象，即下达意见、做出决策、开动脑筋都是由管理者来做的，员工都是听其指挥做事。这就是一个没有思考性的团队，容易养成员工的惰性。一家企业的创意、意见、方法，有多少是从上面下来的？又有多少是从底下上去的？按照国际通行的说法，如果70%的意见是从上面下来的，这就不是团队，至多是个群体；如果70%的意见是从底下上去的，这才是一个团队。

1.思考原因

思考原因是什么意思？举个简单的例子，我们经常抱怨空气污染很严重，污染严重的原因是什么呢？环境专家可能提出过很多原因，那么我个人的观点是什么呢？

我想了一下，一个重要原因是地面裸土没有得到覆盖。因为中国大都市的街道和人行道两旁有很多树，树根周围往往都是泥巴，也就是裸土，公园、学校、机关、家庭院子里，也都有很多裸土，没有用草皮把它很好地覆盖起来，所以风一吹就会尘土满天。在欧美国家就不是这样。在美国很少看到裸露的土地，整个欧洲从空中看下去都是绿色的。在英国、德国，每一棵树底下、每一块有裸土的地方，全部都用草皮覆盖起来，所以他们的城市很干净，没有太多的灰尘。

这就是我的结论，不管它正确与否，它是我思考的结果。企业员工应该在日常生活中，养成经常思考的习惯，学会提出自己的想法和建议，学会自己分析和解决问题，进而群策群力，以推动团队提高效率和改善工作。

◎ 案例

酒店的烦恼

为维护好酒店的环境和减少不必要的浪费，酒店大都希望客人住宿的时候不要换毛巾，不要换浴巾，不要换枕头套，不要换床单和被单……总之，能不换尽量不换。为了达到这种效果，酒店拟定了5种不同的做法：

第一种做法是将一个小卡片摆在床头柜上面，卡片上写着："如果您觉得暂时不需要更换毛巾或浴巾，请您在使用后将毛巾或浴巾放回挂架。"

这种做法存在几个问题：首先，将用过的毛巾或浴巾放到哪个挂架上？因为原来的挂架上摆放的都是一些干净的毛巾，除此之外又没有别的挂架，那是否就将用过的毛巾或浴巾跟干净的放在一起呢？其次，客人能把毛巾折叠得那么小吗？因为客人一般都没有那么仔细，从中间抽出一条毛巾再挂回去的时候，可能没办法折得像原来那么窄，也就无法像用之前摆放的那么整齐。最后，如果放回去的毛巾或浴巾跟原来折叠得一模一样，那么怎么能明显地区分出来哪条是脏的，哪条是干净的呢？

第二种做法是将一个小卡片摆在床头柜上面，卡片上写着："如果您觉得暂时不需要更换床单，请在早晨把这个卡片放在枕头上。"

一般情况下，客人很少会注意到床头柜上面有一张卡片，或者虽然看到了也没有仔细阅读的习惯。客人可能本来是不想更换床单的，但客观的结果就是酒店会误认为客人是要更换床单的，所以这种做法也是不太科学的。

第三种做法是将一个小卡片摆在床头柜上面，卡片上写着："如果您觉得需要更换床单，请在早晨把这个卡片放在枕头上。"

这种方法与第二种方法刚好相反，摆在床头柜上就是不换，摆在枕头上才换，按照一般客户的习惯，很多床单就不用更换了。

第四种做法：酒店规定，每两天更换一次床单，如果你每天要更换，就请拨分机电话，号码为26，否则默认的情况就是每两天更换一次床单。

第五种做法：酒店在结账时，对节约行为给予一定的优惠。如果客人住了三个晚上都没有更换床单、被单、枕头套、浴巾和毛巾，那么酒店就把节省的换洗费返还给客人。

上面所讲的几种做法，一个比一个想得周到，一个比一个更进一步，这就是思考的结果。

那么我们自己会不会经常发掘问题点？我们自己会不会针对这个问题寻找解决方法？我们自己会不会定期对自己的工作提出流程改善建议？我们自己会不会把顾客可能遇到的问题提前解决？我们是否也经常训练下属这样仔细地反思自己的工作？比如，要求经理级以上的管理者，每三个月提交一次流程改善建议等。

下属不思考，管理者要承担很大的责任，没有让下属养成思考的习惯，是管理者的失职。就像父母不能总是给儿女提供方法，做老师的不能直接给学生提供答案，管理者也不要总是给员工圈定解决方法，而要让员工学会自己主动思考。

2. 思考原因正确与否

自己思考问题，寻找原因，那么，如何来判断原因是否正确呢？建议你在下属找到原因以后，督促他去分析原因，然后将原因进行整理和总结，分清楚主要原因和次要原因，从而得出真正的原因所在。

举一个简单的例子：某天晚上，在某处发生了车祸，有人开车撞到了一棵树上。原因是什么呢？超速是原因吗？天黑是原因吗？调查发现有三个原因：第一，当晚司机喝了酒；第二，有一段路面凹凸不平；第三，那天晚上天公不作美，下大雨。

这三个都可以叫作原因。可是下雨的时候，不是只下在那个人的车上；路面凹凸不平的地段，也不是只有他一个人驾车经过；但是那天晚上不见得每个人都喝了酒。如果这个人喝了酒，即便是没下雨，路面也没有凹凸不平，大概也会出车祸。如果他没有喝酒，即便路面凹凸不平，还下大雨，大概也不会出车祸。现实情况是路面凹凸不平，天又下雨，而他又喝了酒，结果就撞上了树。现在我们把这个问题的原因总结一下，就发现原来真正的原因是那个人喝了酒，这是主要原因，路面凹凸不平与下雨都只是次要的原因。

◎ **案例**

引导孩子思考

我的二女儿在念小学的时候，有一天她跟我说："爸爸，我们班上有个某某同学，数学真棒，每次考试几乎都考100分呢！"

我就故意问她说："你认为是什么原因呢？"

"他可能有课外补习。"

我说："是吗？你也补习，可是并没有经常考100分呀！"

"他可能有一个不错的书房。"

我说："是吗？你不是也有书房吗？"

然后我说："女儿，你讲的这些都不是主要原因，我还给你买了个飞利浦的爱眼日光灯，还给你装了个空调……这里一定有一个主要的原因，我现在就把答案先告诉你，如果我猜得不错的话，你那个同学对数学一定有一种狂热。你可以去调查一下，看看我说得对不对。"

女儿调查了一个星期，回来跟我报告说："爸爸，我的那个同学，连等汽车、看电影的时候都在想数学题呢！"

我说："我猜得没错吧？他对数学有一种近乎狂热的兴趣，是他数学能够考100分的真正原因。至于有没有补习，有没有漂亮的书房，有没有……那都不是主要的，至少不是真正的原因。"

后来我才知道，那个孩子并没有补习，更没有什么书房，真正的原因就是他对数学的热爱。

凡事都有真正的、主要的原因，其他的都是次要原因。你的下属在处理事情时，在找问题、找原因时，会这样分析吗？

◆ 具有协作性

一个人即使再有头脑，再有主动性，如果不肯与他人协作，就肯定不是一个好的团队成员。

员工不但要自己动脑筋，愿意自动自发地做事，还要善于与周围的人合作，所以协作性非常重要。有人形容中国人："单个人像一条龙，合在一起却像一条虫。"这样说也许过于尖刻，但这确实是一些中国人常犯的毛病，这是我们的弱点。为了企业的长期发展，中国企业的经理人更应该重视团队的协作性。

怎样培养团队的协作性呢？具体而言，要注意以下几个方面：

1. 经理人要身先士卒

要培养团队成员的协作性，首先要从经理人自身做起。

经理人是大权在握的人，最容易滥用自己的职权，做出破坏团队协作的事来。有些企业里，破坏规章制度最多的就是他们，因为员工可能会因为惩罚措施而不敢破坏，而经理人却因为自己拥有的特权而忽视了企业的规章制度。

例如，在营业大厅里挂着一块牌子，上面写着"请勿吸烟"，如果经理人在大厅里吸烟，就不会有人去制止。所以"请勿吸烟"不是写给所有人的。很多经理人希望自己的组织是一个优秀的团队，但自己却没有团队精神，其行为本身已经造成了对企业团队精神的破坏，这是企业经理人应该注意的问题。

2. 经理人要成为教练

这里要强调的是，为了规范和限制经理人的个人权力，经理人要注意转变自己的角色定位，从“家长”逐渐转向“教练”（见图2-1）。

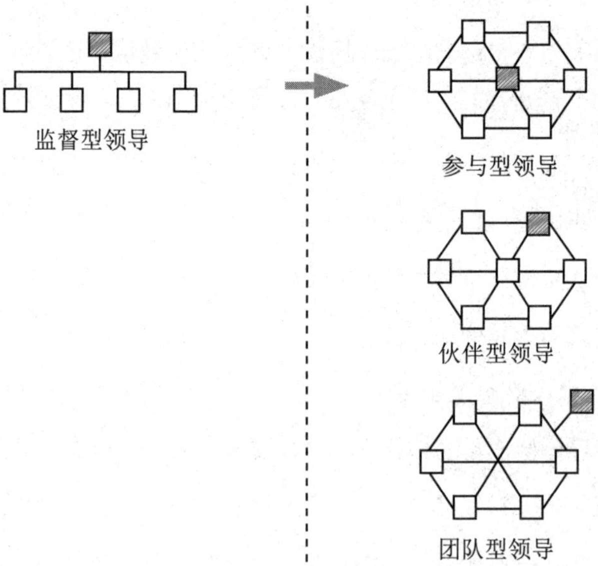

图2-1　经理人的角色定位

如果经理人把自己定位成高高在上的“家长”，把员工看作是自己的子女，这就不能叫作团队，而只能是一种典型的群体，是一个监督型的组织，经理人自己也只不过是一个监督型的领导。

如果经理人把自己定位为一个顾问，自己站在中间当顾问，大家围绕着他，有目的地向他请教，这可以算作是一种团队。此时的经理人不是监督型领导，而是参与型领导。

更进一步的是，经理人把自己定位为伙伴，把自己摆在大家旁边，跟他们一起动，此时的经理人就是伙伴型领导。

最理想的状态是，经理人自己跑到圈子外面去，悠闲地喝咖啡，看着下属动。这就叫作教练，经理人只是起训练和引导作用，这才是团队的最高境界。

3. 加强部门之间的合作

随着企业规模的扩大和组织结构的复杂化，企业往往会出现部门条块分割、相互推诿工作、缺乏必要的协调与合作等问题，进而会造成团队工作效率低下和资源浪费。因此，必须注重加强部门之间的合作。

◎ 案例

部门的配合

有很多城市，在公共工程的建设当中，各个部门各行其是，缺乏配合。

人们经常看到的是，今天自来水管有问题，就挖开道路，自来水管修好以后把土填上；明天电路出问题了，再由电力公司挖开道路，修好之后再填上；后天煤气出故障了，煤气公司挖开再填上……你挖我挖他挖，今天挖明天挖后天挖，永远都是这样翻来覆去地挖……长此以往，城市居民能没有意见吗?

日本的东京却不是如此。他们的马路一旦挖开，就有好几个单位的人站在那里，他们穿的制服颜色不同：穿白色制服的代表日本自来水公司，穿灰色制服的代表日本电力公司，穿橘色制服的代表日本煤气公司，穿浅蓝色制服的代表日本光纤公司……各个单位都在，一旦马路被挖开，这几路人马就各自检查各自的管道和线路。所以，在日本东京只要一启动公共工程，就是全体配合，力争一次做完，而马路一旦铺起来，就争取一年不动，所以他们不像我们有这么多的“刨路工程”。

◎ **案例**

内部服务承诺

早些年，我国某知名航空公司，为了加强部门之间的合作，曾提出过一个“内部服务承诺”。

这家航空公司认为公司有两类客户，一类是外部客户，一类是内部客户。内部客户是指在公司内部有很多部门，部门和部门之间也是客户关系或者供需关系，比如物料部门是生产部门的供应商，生产部门就是物料部门的客户。要想为外部客户提供好的产品和服务，必须先做好内部服务，理顺内部的工作流程，做好内部的沟通和协调工作，这种观念就叫作“内部服务承诺”。

这家航空公司是怎样做好内部服务的呢?

场景一：当该航空公司的乘务员或机师从天上回到地面后，公司用商务车送他们回家，并且一定要等到他们的家人出来亲眼看到他们之后，司机才会把车子开走。目的是让他们的家人放心，他们的儿子（女儿）在天上地上都很安全。

场景二：当该航空公司的乘务人员需要报销费用时，不用亲自到公司总部去办理手续，会计人员会拿着凭证，到机场为他们办理报销手续。

场景三：如果该航空公司的机组人员正在机上为客户服务，他们的家人生病需要救助，天鹅航空公司就会派专人把他们的家属送到医院里去看病、救治。

4. 剔除破坏团队的人

管理学中，有一个“酒与污水定律”，意思是指把一勺酒倒进一桶污水里，得到的是一桶污水；把一少污水倒进一桶酒里，得到的还是一桶污水。显而易见，污水和酒的比例并不能决定这桶东西的性质，真正起决定作用的就是那一勺污水，只要有它，再多的酒都成了污水。酒与污水定律说明对于坏的组员或东西，要在其开始破坏之前及时处理掉。

同样的道理，在企业里，如果一个人很不合群，很孤僻，很自以为是，那么没有人会愿意跟他合作。同时，这种人又是最容易破坏团队协作、影响团队精神的，一定要及时从团队中剔除出去。

团队的组织架构

企业的组织架构分成两种，一种叫作停顿型组织，一种叫作变动型组织。

◆ 停顿型组织

停顿型组织，简单地说，就是员工的眼睛只看到上面的领导，组织里面有很多部门，但是大家的眼睛都在看上面，那是我的领导，那是我的主管。我的权力、我的薪水、我的升迁、我的调遣、我的考核、我的奖金……统统由他决定。员工的眼中只有上面那个直线主管，自己的领导最重要，部门和部门之间的协调和沟通就没有了，于是形成一种断层。

图 2-2 是一个停顿型组织的结构图，最上面的方块代表最高领导，在这样的组织中会把领导看得非常重要。于是就出现这样的情况：人力资源部不买会计部的账，会计部不见得理会物料部门，物料部门不见得听生产部门的，生产部门就更不理睬企划部门……组织中间都是断层，动不动就要领导出来开会协调，企业就失去了灵活性和竞争力，很难在市场中站住脚。

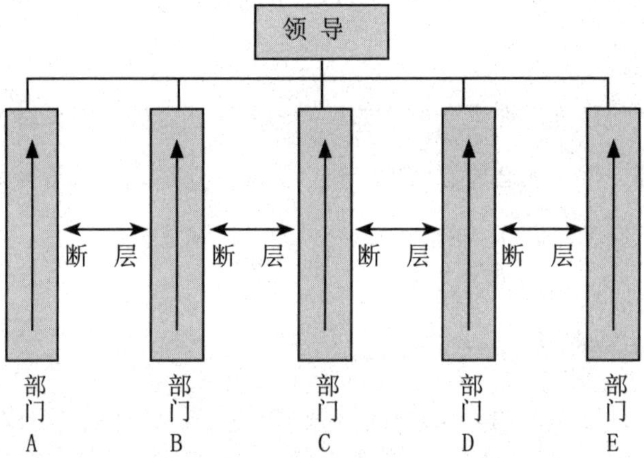

图2-2　停顿型组织

其实所谓的断层，就是平行部门之间缺乏沟通和协调，根源是权力欲在作祟。

◎ 案例

部门内下属间的沟通问题

如果你的下属某甲有一天突然对你说，他不能跟你的另一个下属某乙沟通，你会怎么处理？

方法一：你会说："是吗？那我有时间去问问他。"这种方法并不好，因为下属一有问题，管理者就去替他们解决，会使管理者变成下属的传令兵，同时会让管理者陷于琐事当中，既不能锻炼下属的做事能力，又会让管理者不能集中精力做事情。

方法二：你会说："是吗？那现在就去把某乙找过来，咱们看看是什么问题这么难解决啊？"于是某甲就把某乙找来了，三个人一起坐下来，十分钟就沟通完了。在他们两个离开之前，你要告诉他们："某甲、某乙，以后这类的事情就可以自己解决，不用再敲我的门。"

◎ 案例

跨部门下属间的沟通问题

如果你的下属某丁，有一天告诉你，他跟另外一个部门经理的下属某丙很难沟通。那么你会怎么处理？

方法一：你认为这是涉及两个部门的问题，需要上面的老总出面解决，所以你就去找老总，告诉他某丁和某丙是如何难以沟通，请示是否需要开会协调一下。老总就会先把那个经理叫来，请他解释，那个经理可能会说事实上是那样那样。如果某丙又说事实不是那样那样，而是……最后事情就可能变得越来越麻烦，越来越复杂。

这样看上去好像是在沟通，是在协调，而且大家都在为这件事忙，但实际上，这只是在玩一种权力游戏。虽然是在请示老总，尊重老总的权威和决策权，但并不利于问题的解决，甚至会导致责任双方互相推诿，影响部门之间的关系。而且在这个过程中，时间被浪费了，很多重要的事情可能因此被搁置或拖延，得不到及时的解决。

方法二：考虑到某丙是其他部门的人，你不方便直接去找他，于是你就带着某丁去找那个部门的经理，然后对他说，听说自己的下属某丁和他的下属某丙不能沟通，所以过来看看发生了什么事。

那个经理可能就会说，这事情要请示领导，也就是总经理。你就说自己刚从老总那边过来，并且告诉老总两个部门需要协调一下，现在是 4 点半，距离 5 点半下班还有 1 个小时，如果下班以前还沟通不好，大家就都不要下班了。那么这个经理就只好把某丙找过来，4 个人坐在一起沟通，不到 1 个小时就沟通完了，然后你再去跟总经理汇报沟通的结果，这件事情很快就得到了解决。

从上面两个例子可以看出，形成这种停顿型组织的根源，主要在于上面的领导。

如果管理者是一个喜欢玩权力游戏的人，喜欢坐在办公室里等下属敲门来请示问题的解决方法或寻求帮助，那么下属肯定会投其所好，经常找问题、找机会来敲门。

而如果管理者不喜欢玩权力游戏，并且主动设下一个“防火墙”，下属还敢经常去敲门吗？就像上面的例子中所说，如果总经理听说下面的两个经理需要他出面协调部门之间的事情，他只要对经理们说，他发现自己好像升错人了，对他们的办事能力估计过高了，那么经理们还会经常去敲门吗？相应地，如果两个经理对下属也同样设置“防火墙”，那么甲乙丙丁还会找上门来，希望经理帮他们解决沟通不畅的问题吗？

甲乙丙丁之所以爱玩这种游戏，就是因为他们知道在上面有这么一个有趣的权力结构，有这么一些喜欢玩权力游戏的领导。

所以，如果你是一个管理者，你应该想办法设置“防火墙”，想办法告诉下属你不喜欢权力游戏，想办法暗示你的下属，让他们懂得“一个人总敲老总的门，就表示自己没有能力”。这样，你就不需要浪费时间，去为下属寻找一些本不该由你给出的答案，而是专心致志地去处理作为管理者应该琢磨的问题。

◆ 变动型组织

与停顿型组织相对应的，就是变动型组织。所谓变动，就是随环境的变化进行调整，也就是当环境在改变、优化的时候，我们应该配合这个环境进行调整，尽量做大家都希望做到的事情。

如图 2-3 所示，最上面的方块表示最高领导，左边有几个项目，假设有 5 个部门，分别是 A、B、C、D、E。箭头都是在平行变化，项目 1 需要 A、B、C、D、E 五个部门水平沟通；项目 2 需要 C、D、E 三个部门水平沟通；项目 3 需要 B、C、E 三个部门水平沟通；项目 4 需要 B、C、D、E 四个部门水平沟通。

这些全都是水平沟通。老总只是进行决策、分配资源，真正要沟通的是各个职能部门，并不需要凡事都找老总来开会、协调、沟通。部门跟部门之间是供需关系，如果这种相互依存的供需问题都不能够解决，还需要看上面领导或主管的意见，那么这个企业是没有办法发挥效能的。

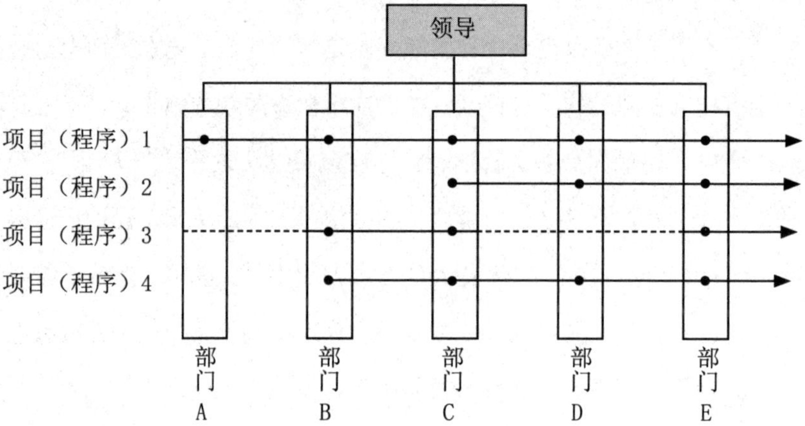

图2-3　变动型组织

如果各个部门之间都可以充分协作，水平顺畅沟通，那么最上面的领导应该干什么？

其实一个高层领导不需要太忙碌，不需要每天替员工处理问题，而应该是在其位谋其政，做他最该做的事情。他最重要的事情就是思考企业的战略，计划企业的短、中、长期目标，把资源和任务分配完毕，再把该签的文件签好，就什么事都不用做了，千万不要天天开会，一天到晚替底下人想方法，帮他们沟通协调。变动型组织，强调的就是水平沟通和协作，而不是个人权力。

◎ 案例

口红色号

某企业与雅诗兰黛合作，有一次，该企业驻美副总裁从一个调色师的工作台路过时，看到调色师正在调一种口红，于是随口问了一句：“这口红的颜色好看吗？”

为什么会问这么一句话？因为在他的观念里，第一，自己是副总裁，有权过问一切；第二，自己是副总裁，对什么东西都要知道一点；第三，自己是副总裁，有权决定用还是不用。

出乎意料的是，那个调色师（一位美国女士）站起来说：“亲爱的副总裁先生，第一，我这个颜色还没有定案，定案以后我会给您看，那时您有权决定用还是不用，现在不用这么慌张；第二，我是一个专业的调色师，我很专业，我有独到的眼光，如果您觉得您调得比我好，那么下周开始您来调色；第三，这个口红是给女人用的，您是位男士，如果这个口红女人都喜欢，您不喜欢，没有关系，如果这个颜色您喜欢，女人都不喜欢，那就完了。”

如果你也是家化妆品公司的副总裁，也有个调色师在那里调口红，你路过的时候也这么问一句：“这口红的颜色好看吗？”你的调色师会怎么回答？她很可能站起来恭敬地说：“我也觉得它不太好看，好像颜色稍微深了一点。”

我们常常认为自己是领导，就可以过问一切，这完全没有必要。因为领导只是通才，下属才是专才，通才驾驭专才，让专才为通才提供方法、提供意见、提供点子，然后领导做决策就可以了。

经理人在团队中的作用

◆ 发挥团队精神

一讲到团队精神，很多人会想到德国和日本，却很少有人说中国人的团队精神非常好。中国的团队往往是家族内的团队，一出家族的边界，团队精神就消失了。团队应该像一座金字塔一样，每个人在其中都很重要，不管你站在哪里，都是团队的成员，都应该全力发挥团队成员的作用。如果我们把自主性、思考性、协作性以及水平沟通都做得很好的话，就不需要文山会海，也能把团队精神落到实处了。

◆ 经理人的角色转换

经理人要把时间和精力放在下面 3 件事情上：第一，思考你的决策；第二，计划你的工作；第三，把员工教育好。之后，把任务分配完毕，该签的字签完，就可以出去喝咖啡了。

经理人出去把手机带在身上，就等于告诉别人，自己的员工既不能自主，也不会思考，更不能相互合作，所以身为经理人的你不敢放手，走到哪里都要办公。有的经理人非常夸张，随身带两部手机，一个接一个地打电话。这样的经理人不是一位真正有水平的管理者，因为他没有一个良好的团队。

◎ 案例

学习企业历史

在韩国，新员工进入企业的第一年内要接受各式各样的培训，以尽快了解企业情况，适应企业文化。学习企业的历史，是每个新员工的必修课。但如果只是翻翻厚厚的企业历史书、听人讲解，他们往往会昏昏欲睡。为了改进这种既浪费时间又没有效果的学习方法，三星集团引入了被称为“三星戏剧”的新学习方式。在这个过程中，新员工会依次扮演三星创始人李秉哲和其他高层领导人物，亲自体验三星的发展历史。

SK电讯的做法是让新员工从网上和报纸上收集与企业历史和经营哲学相关的内容，装订出《SK新闻》。这样，新员工对企业历史就有了感性的认识，对企业的自豪感也油然而生。这是一种将企业文化通过潜移默化的方式渗透给员工的培训方式。

◎ **案例**

少敲领导的门

在日本航空公司工作时，我发现日本人不爱敲门，中层干部有事时不轻易去找领导。因为他们有个习惯，就是尽量不要去敲领导的门，去敲门就意味着自己的无能。所以他们尽量先自己沟通协调，竭尽全力解决问题，只有到万不得已的时候才去敲领导的门，去敲门时就要为可怕的后果做好准备。因为这就意味着告诉领导自己已经对这件事情无能为力了。日本人不敲领导的门，是想尽量让领导安心，表示自己有能力，希望得到承认，不让领导觉得自己无能。

不管是大企业还是小公司，都要有团队观念，都要有自主性、思考性、协作性。

忠告

培养团队精神

“人心齐，泰山移”“团结就是力量”非常朴素、直白地指出了团队精神的重要性。失败的团队很难有成功者。成功的企业，很难只靠一个人就能发展壮大。团队精神，是企业发展的必然要求。

团队精神要尽早开始培养

团队精神是在生活、工作中不断教育、培养、规范出来的。

◆ 团队精神要从小教育与规范

如图 2-4 所示，团队精神的教育与规范，可分为 4 个阶段：

第一，家庭教育，是伦理问题；

第二，学校教育，是纪律问题；

第三，企业培训，是规章问题；

第四，社会熏陶，最终变成一个秩序问题。

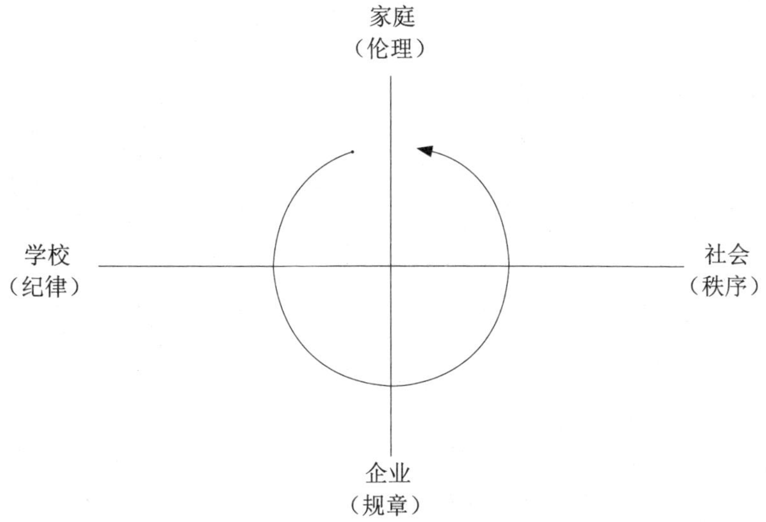

图2-4　团队精神的教育与规范

◆ 家庭教育

试想一下，如果孩子在家庭中不懂得关心其他家庭成员，长大以后会有团队精神吗？

◎ **案例**

让座

某机场候机大厅里，一个孩子坐在椅子上，爸爸、妈妈、爷爷、奶奶几个大人站在他的旁边。妈妈告诉孩子要给爷爷奶奶让座，孩子高声说“不”，也许是因为孩子的倔强和调皮，在场的家长都笑了，但是谁也没有想到，这是一个关系到如何教育孩子的问题。在这种生活细节上产生的教育漏洞，很可能会造成孩子长大之后在同龄人中团队精神的欠缺。

团队精神要从小教育和规范。

忠告

有些父母非常纵容、溺爱孩子。我们需要认真思考的是，一个从小就不懂得关心别人，不知道给爷爷、奶奶、爸爸、妈妈让座的孩子，如何会有团队精神。

许多中国孩子放学后回到家，只是不声不响地到房间里去，不知道跟家里人打声招呼，有时候甚至妈妈都不知道他已经回家了。这也是没有团队精神的表现，做事情时没有考虑到家中的其他人。这样的孩子长大了以后会有团队精神吗？答案是显而易见的。

家庭伦理教育是培养团队精神的第一站，孩子在家庭中如果有团队精神，在其他场合中培养和发挥团队精神就会变成一件很容易的事情了。

◆ 学校教育

学校是一个大家庭，每个班级里都有很多同龄的孩子，他们一起学习，一起做游戏。学校是一个培养和体现团队精神的良好场所。

在我国，重点的幼儿园里，孩子都要经过筛选才能入学。大部分幼儿园考试时，老师除了问孩子的姓名、年龄和父母的姓名，还要问几个简单的汉字，一旦都回答上来了，老师就会让孩子“通过”考试，孩子就可以入学了。

在这种情况下，幼儿园主要考察的是孩子的智力情况和知识储备，往往忽视了孩子的个人素质和团队意识。当然也有另外一些幼儿园，倾向于考察孩子的综合素质。

◎ 案例

幼儿园入学考试

有家幼儿园的入学考试是这样的。考试时设有 3 个小房间，每个小房间有一个游戏项目，孩子玩过了以后走出去，与此同时，也决定了这个孩子能否被录取。以第一个小房间里的游戏为例。第一个小房间里有一张小圆桌，这张小圆桌是经过设计的，10 个孩子手拉着手刚好是一圈，圆桌并不是很重，5 个孩子也抬得起来，考核的关键是看孩子会不会去抬。

外面有一两百个孩子都编着号码，老师在里面按顺序让孩子进去，每次进去 10 个，进去后他们要替老师把这个小圆桌抬到隔壁去。有一组孩子进去后，有 9 个孩子的手搭上去，只有 1 个小孩在旁边看，一动不动，当 9 个孩子把小圆桌抬到隔壁去的时候，老师记下这个站着不动的孩子身上的号码，他的号码是 6 号。

6 号被带出去，不录取。6 号孩子妈妈进来后，老师就告诉她，孩子从小就没有团队精神，家庭教育没有做好。这并不是很刻薄的话，可这位妈妈却被说得满脸通红。妈妈把孩子带出去，她会对孩子讲："你怎么回事，妈妈不是告诉过你，老师叫你做事情马上去做，你看就因为你站在那儿没动，所以不被录取。回去，明年再来，这家幼儿园非念不可！"

那个孩子含着眼泪，跟着妈妈回家了。经过一年的团队教育，第二年他又来考试，编号42号，老师在里面叫41号到50号进去，那个孩子进来一看到小圆桌就开始卷袖子……这一次他顺利通过了考试。

他们的这种教育方法虽然不一定每个人都赞同，但是团队精神确实可以靠这样训练出来。因为这样一来，孩子在小的时候，潜意识里就会形成这样的一种观念：只有和别人合作，一起完成任务，才是合格的，才能通过考试。这家幼儿园为了这种训练和考试，发明了一百多种游戏，其实第二年再考试有可能不再是小圆桌的游戏。如果想让孩子通过考试，那只有一种方法，就是把团队精神真正融入孩子的思想和行为中。

经理人要以身作则

遵守企业的规章制度，是团队精神在企业里的一种外在表现。但是在有些企业里，破坏规章制度最多的就是企业的经理人，这是企业的经理人必须注意的。

◎ 案例

参观厂房

一天，美国IBM公司董事长带着客人去参观厂房，走到厂房门口时，警卫拦住他："对不起，先生，您不能进去，您的识别牌不对。"原来，IBM公司有个规定，进厂区的时候，识别牌必须是浅蓝色的，而行政大楼、公司本部的识别牌都是粉红色的。

董事长和随行人员没有换识别牌，所以不能进去。董事长的助理马上对警卫说，这是董事长，但是警卫说公司有规定，必须按规定办。董事长笑笑说：“他讲得对，快把识别牌换过来，所有的人统统换成浅蓝色的才能进去。”

一家企业如果要像一个团队，从经理人开始就要严格地遵守企业的规章制度。经理人要身先士卒带头做好，自己先树立起这种规章制度的威严，再要求自己的员工去遵守。

遵守社会秩序

社会其实也是一个团队，每个社会成员都要遵守社会秩序。如果社会成员没有团队精神，那么整个社会就很难产生凝聚力。在新西兰的街道上，你如果打开一张地图，并一直低头看，没多久就会有人走过来问：“需要帮忙吗？走丢了吗？迷路了吗？”这就是良好社会秩序的体现。中国古书上常常讲君臣、父子、夫妇、兄弟、朋友等五伦，而忽视了第六伦——路人和陌生人。

◎ 案例

谁来帮忙

一位母亲开车带着两个女儿出去玩，不巧车子抛锚了，母亲只好和两个女儿一起推车。旁边有许多男人擦肩而过，有骑自行车的，有骑摩托车的，有开汽车的，但没有一个人下来帮忙。

我们相信案例里的故事只是个例，虽然只是个例，但是也要引以为戒。我们都是社会人，在任何场合，都要遵守社会秩序。

1. 如何乘电梯

乘电梯有些基本的规定：电梯里面的人没有完全出来前，外面的人不能进去；进电梯的第一个人要按住开的按钮，让别人都能进来，同时在未下电梯前要替所有的人按楼层。这本是举手之劳，但很多人却做不到。大部分人都是自扫门前雪，冲进去就站在最安全的位置，其他什么事情都不管。在电梯里面是绝对不能抽烟的，就是手拿着烟都不可以，但实际上很多人做不到，这就叫作缺少团队精神。

2. 如何过地道

很多城市都有地下通道。过地道时要靠右边走，中间应该没有人，这是一个基本的社会秩序，但这个小小的问题却被很多人忽视了。如果你真的把这个社会看作是一个团队，那就应该有团队观念，遵守社会秩序。

在一家企业里，经理人只有身先士卒带头遵守规章制度，才能严格要求员工，进而提高团队战斗力。

社会也是一样，每一个成员都要遵守社会秩序。只有这样，整个社会才能产生凝聚力。

忠告

本章小结

团队不同于群体。群体可能只是一群乌合之众，不具备高度的战斗能力，而团队却是一个有核心、有凝聚力、有战斗力的组织。

在团队建设中，要注意团队中不同部门之间的水平沟通；组建变动型的组织，切忌形成停顿型组织；尽量避免一切都要靠经理人开会协调的习惯。经理人应该从监督型的领导向参与型、团队型的领导过渡，迈向自己的工作目标，除了思考、计划、辅导员工、分配任务、签署文件外尽量什么都不做。这样可以充分地发挥员工的自主性、思考性和协作性，使整个团队更具有战斗力。

团队精神是一种生活中的教育和规范，要从小教育培养。团队精神在生活过程中的教育与规范可分为四个阶段：第一，家庭教育，是伦理问题；第二，学校教育，是纪律问题；第三，企业培训，是规章问题；第四，社会熏陶，最终变成一个秩序问题。

培养团队精神要从经理人自身做起，经理人要带头遵守企业规定，以“团队的荣誉就是个人的骄傲”来教育员工，互利共生，互惠成长，不断地培养员工的团队意识和集体观念。

第三章

提高思考、决策和执行能力

智商不是无可替代的，想要成功你还必须要知道该如何做出明智的抉择，以及拥有更宽广的思考力。

——比尔·盖茨

| 思考、决策和执行能力的重要性 |

重视经理人的“三力”

美国微软前 CEO 比尔·盖茨在哈佛大学时，曾经代表哈佛参加过数学竞赛，后因志趣的关系，二年级就退学了，没有完成学业。当他带领微软发展壮大后，发现自己在带领团队时，有些力不从心，于是从 2002 年开始，他就邀请同学史蒂夫·鲍尔默来担任微软的 CEO，自己则专心做设计方面的工作。

比尔·盖茨曾经认为，拥有机智的头脑是一个人成功最重要的条件，但是当他快 40 岁时，他不再像以前那样只认识到智力的无可替代性，他认为一个人要成功，还必须知道该如何做出明智的抉择，以及做出抉择之后该如何去执行。

也就是说，一个人头脑再好，倘若没有很好的决策力，没有很好的思考和执行能力，依然不能成为一名优秀的经理人。

“三力”的内涵

首先，作为经理人，要善于想出好的办法，这需要良好的思考能力。其次，如何在众多方法里选择出一个最佳方案，这就要靠决策力。再者，找人来执行制定的决策，把决策落到实处，细化、量化到过程里，这就是执行力。在执行过程中还有一个“紧盯”环节，就是要找到一个负责人或者承办人来实施监督。如图 3-1 所示。

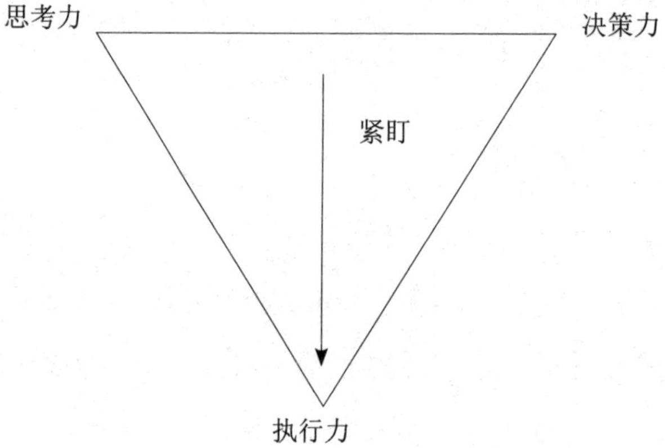

图3-1 经理人的“三力”

◆ 思考力

思考力所针对的主要问题是顾客。一家企业要把产品卖出去，就不得不注意顾客在哪里。要永远照顾到顾客的想法，就像前面所讲的东京迪士尼乐园一样，永远把顾客摆在第一位，然后让员工去面对顾客，经理人支持员工。

如果你确实做到了以顾客为中心，为顾客提供他们所需要的服务，那么，赢利将不是问题。

◆ 决策力

人在做决策时避免不了犯错，而且越是高层的经理人犯错，损失就会越大。因为决策一旦做出，员工就会去执行，执行就会造成不可避名的损失，所以做决策一定要慎重。做决策，一定要注意两件事：第一是重要和紧急，第二是效果和效率。具体内容，我将会在后文中提到。

◆ 执行力

执行力就是找执行者来执行计划。这个执行者有可能将来要接替经理人的职位，所以现在就应该好好地培养他。如果思考力针对的是顾客，决策力针对的是事情的轻重缓急、效果和效率，那么执行力针对的就是执行者。

◎ **案例**

采访

中央电视台的记者采访通用电气公司前CEO杰克·韦尔奇时，曾经问过下面几个问题：

第一个："杰克，杰夫·伊梅尔特和你一样优秀吗？"

杰克·韦尔奇回答："哦，他比我还棒。"

第二个："杰夫会按照你的意思去继续带领通用电气公司吗？"

杰克·韦尔奇回答："不，他有他自己的一套。"

第三个："如果杰夫没有你想象中的那么好呢？"

杰克·韦尔奇回答："那就是我瞎了眼睛。"

事实上，杰夫·伊梅尔特在全球的CEO里面排名第三，这就证明杰克·韦尔奇没有选错人。

经理人要承担选择人才的风险，把人用错了可能会成为影响到整个企业的非常严重的事情。

综上所述，经理人应该具有3个很重要的能力：第一，思考力，思考要以顾客为主轴；第二，决策力，就是如何做决策，做决策时要注意两个方面，一个是重要和紧急的问题，一个是效果和效率的问题；第三，执行力，就是要找核心骨干去确保决策的有效执行。

通过思考赢得顾客

通过思考了解市场

有这样一则广告：图片中有一个人站在梯子上，眼睛看着围墙外面，外面意味着市场。意思是站在梯子上，目光越过围墙，对外面的市场一目了然，才能明白顾客在想什么。

人们常常闭门造车，想当然，关起门来做决策，根据自己的想法而不是市场的实际情况来做判断，这是不对的，应该仔细分析市场，清楚地把握顾客在想什么。

美国沃尔玛公司的创始人山姆·沃尔顿有一个习惯，在检查工作的时候，他喜欢站在门口。他说企业到底碰到什么问题，顾客对企业有什么想法，要站在门口才能发现。一家酒店最容易遇到问题的地方一定在它的大堂，所以，酒店一定要有一个大堂副经理，这个大堂副经理就是替酒店经理去观察市场的。但如果大堂副经理只坐在办公室里，写公文或看文件，那么他的工作就无法做好。所以，经理人应该多跟市场接触，了解顾客在想什么。

通过思考抓住顾客

◆ 黛安芬在中国成功的经验——抓住女性的心理

黛安芬是一个女性内衣品牌，进入中国以后，在北京、上海等地举办了多场分享会，此后该品牌内衣在中国就卖得非常火爆。黛安芬的管理者说女性的钱是赚不完的，关键是你要知道女性正在想什么。黛安芬降低自己销售女性内衣时的商业色彩，而是宣传提升女性的穿着文化，站在女性的立场上思考问题，抓住女性心中真正想追求的东西。这正是思考力所要求的——思考顾客是谁，他们都在想什么，即分析市场需求，而不是坐在办公室闭门造车。

◆ 其他基于女性心理分析的商业活动

1. 女性住酒店

女性住酒店不喜欢隔壁住的是男性。如果隔壁房间住的是男性，女性会感觉特别不舒服。在欧美，很多大酒店都会专设一个楼层给女性住，其他楼层即使客满，这个楼层也只限女性居住，当然打扫房间和送东西的服务员也都是女性。

2. 女性去医院

女性去医院看妇科时不喜欢接待她的是男医生。在欧美就有一些大型的妇科医院，从挂号开始，整个医院里面全部都是女性。女性在这样一个妇科医院里就诊，肯定会有一种安全感。

3. 女性用洗手间

女性用洗手间跟男性不太一样，她们耗时相对较长，所以当她们上洗手间时，外面可能有人排队。很多女性不喜欢小便的声音被其他人听到，日本人就发明了一种女性洗手间专用的厕所抽水马桶，一开始使用时，它就自动冲水，小便的声音就被遮住了，这种设计对女性而言非常贴心。

◎ 案例

菜不好吃吗

上海某饭店，几位顾客吃完饭结账时，有位女士走过来看了一下餐桌问道："先生，这个菜不好吃吗？"的确，那个菜做得太油腻了，顾客只吃了一两口。那位女士告诉客人："先生，您下次再来点这个菜时，可以事先和我讲一下，我会让厨师按照您的口味做。"

原来，这位女士是经理，只要她看到客人吃饭时哪道菜没有动或者只吃了一两口，就会去询问是不是菜不好吃。这就证明，要真正了解顾客，就应该把思考力放到顾客身上。

闭门造车，关起门来做决策，并不能代表顾客所想。

要把思考力放在顾客身上。

忠告

思考要以顾客为主轴

我们常常说，要让顾客感到满意。其实顾客的满意是比较好实现的，比起满意，我们应该设法让顾客忠诚于我们，要把他的满意度变成忠诚度。

◆ 顾客忠诚比顾客满意更重要

所谓满意，就是指没有投诉。但顾客目前没有投诉，没有什么不愉快，并不代表顾客会再来。而忠诚则表示以后还会来，也就是说，忠诚比满意更重要。

国际著名管理咨询公司——贝恩公司的研究结果表明，顾客忠诚度每提高 5%，企业的利润就会有 45% ~ 90%的提升。顾客忠诚度的获取要立足于顾客满意度，也就是说，顾客忠诚度的获得要立足于一个最低的顾客满意度水平。在这个水平线以下，顾客忠诚度会下降；在水平线以上的一定范围内，顾客的忠诚度不会受影响；只有满意度达到一定高度，忠诚度才会大幅提升。

◆ 产品的差异化是由顾客决定的

什么叫作差异化？举例来说，有人认为可口可乐好喝，有人则认为百事可乐好喝，这就叫作差异化。一般没有几个人能真的把“百事”跟“可口”的区别一口尝出来，两者好像没有什么区别。但是顾客如果对产品有偏好，就会有主观感受上的差异。

很多企业都认为自己的东西跟竞争对手的不一样，有很强的差异化，可是顾客认为就是一样的；也有的企业，其产品的确跟竞争对手的一样，但顾客认为就是不一样。一个产品跟同类产品是否有差别，实际上是顾客在做决定。顾客就代表着市场，顾客的选择就是市场的选择。你的产品明明跟竞争对手的一样，人家说不一样，你就赢了；你的产品明明跟竞争对手的不一样，人家说一样，你就输了。

◆ 会抱怨的顾客是好顾客

1. 投诉给你第二次表现的机会

一般人都不喜欢听到顾客抱怨，总觉得顾客投诉或者抱怨，是故意找碴儿。其实正相反，你应该意识到：顾客投诉是件好事，因为他给了你第二次表现的机会。一方面，没有一个产品或一家企业，能避免被顾客抱怨，问题是顾客抱怨完了以后你应该做什么；另一方面，市场调查显示，如果顾客的抱怨能够解决，67%的顾客就会成为回头客。

所以，如果以后有人再跟你抱怨，你就应该欣喜地意识到：第二次表现的机会到了。顾客投诉说明：第一，你的产品没有替代品；第二，顾客对你还抱有希望。所以会抱怨的顾客是好顾客，相比那些什么都不抱怨，但是对你的产品或企业再也提不起兴趣的顾客，他们毕竟还给了你改进的机会。

2. 投诉可以提供商机

新产品的问世和老产品的改进，常常需要倾听顾客的声音。许多深得民心的产品与服务往往就是从消费者的投诉中得到启发而诞生的。

有人说在银行存取钱时手续烦琐，于是就有了免填单服务；有人说喝茶时茶叶会流入口中，于是就有了带不锈钢滤网的滤叶口杯；有人说洗衣机不能洗地瓜，于是海尔就发明了可以洗瓜果的洗衣机……可以说，是顾客的投诉（甚至是看似不合理的要求）给企业带来了发展的机遇。

我们要知道，处理顾客抱怨，就等于提高顾客的满意程度，等于增加顾客对品牌的购买倾向，于是也就等于更高的利润。

因此，有时候仔细考虑一下顾客的抱怨和投诉，说不定会给你带来意想不到的灵感和创意，让你的产品脱颖而出。

◆ 老顾客哪里去了

每家企业都要稳住自己的老顾客。有的企业一天到晚想尽各种方法开发新顾客，对老顾客却置之不理。结果是增加了三个新顾客，却丢掉一个老顾客，增加了 8000 万元生意的同时，又丢掉了 3000 万元生意，这样市场永远做不大。我们要把老顾客照顾好，生意才会做得长久。偏偏很多人认为，老顾客都是熟人，将就将就好像没什么关系，其实这是个非常错误的观念。营销学上做过的一个调查发现，开发一个新顾客的成本是稳住一个老顾客的 4~6 倍，甚至更多。

所以，做生意应该依据同心圆的原理，把老顾客“锁”在中间，在此基础上增加新顾客，使顾客群像同心圆一样放大，一环一环地增加。老顾客能够稳住，产品的信誉和口碑就稳住了，依靠老顾客在市场上的影响力，慢慢地，生意就做大了。

学会做决策

决策的重要性

生活中，人们经常需要做决策，作为一名经理人，更是如此。经理人的级别越高，做的决策就越重大；决策越重大，其影响就越深远。如果重大决策出现失误，那无疑会使员工的努力付之东流，使企业的财力、物力都遭到损失。管理学上有一句名言：一百个行动也无法挽救一个错误的决策。

错误的决策会造成什么后果呢？我们来看看下面的例子。

◎ 案例

可乐的口味

当年可口可乐和百事可乐的市场竞争非常激烈。他们所卖的两种可乐，口味很相似。为了提高市场份额，可口可乐公司做出了一个重大的决策，使本公司可乐的口味多样化——可乐的口味变成两种：一种是传统的可口可乐，一种是添加了其他原料的。添加其他原料的可乐又分成3种：苹果口味、草莓口味和樱桃口味。这3种口味再分别分成两种：一种是健怡可乐，是为结石或糖尿病患者及不喜欢甜味的人准备的；另外一种是原味的。

顾客去买可口可乐时可能就会发生不同于以往的情况："买瓶可乐。"售货员会问："百事可乐还是可口可乐？"顾客说"可口可乐"，售货员马上又问："一般的还是水果味的？"顾客说"水果味的"，于是售货员还会问："是草莓的、苹果的还是樱桃的？"顾客说"樱桃的"，售货员又问："是健怡可乐还是传统可乐？"顾客说："干脆给我一瓶百事可乐吧！"

可口可乐公司没想到会犯这样的错误，消费者不喜欢这样被多次地问，结果这个决策执行后9个月营业额就减少了6000万美元。认识到这个失误以后，可口可乐马上就把这个决策改正过来，忠于原味了。

这个决策之所以错误，是因为它使可口可乐偏离了其核心产品，可口可乐原来是专门做碳酸饮料的，增加果汁饮料后，消费者在购买时要重新适应，多费很多口舌，所以会出现收益的下跌。当初做出这个重大决策的不是小职员，也不是普通经理，而是销售总监，只有在这样的职位上才有资格做出这样的决策，也只有这么重大的决策才可能出现这样重大的失误。

当然随着地面超市和网络商城的相继兴起，顾客购买饮料时，不再需要接受售货员的再三询问，伴随着这种市场大环境的变化，可口可乐和百事可乐也不断拓宽了自己的产品线。

影响决策的因素

◆ 私人恩怨

有一部叫作《空袭德累斯顿》的电影，其中有一个很有趣的片段：第二次世界大战时盟军轰炸德国的德累斯顿，厂房都已被炸毁了，盟军还在不断地在那个地方投炸弹。轰炸机的投手很费解，去问军官，说德累斯顿已经被炸成一片废墟了，为什么还要不停地轰炸呢？军官回答："所有重大的决定都是出于私人恩怨。"

原来有一个军官曾经在德累斯顿交了一个女朋友，后来这个女朋友和他分手了，他因此就特别憎恨德累斯顿这个地方，所以在这个城市被炸成了一片废墟后，他仍然下令继续轰炸。

尽管这只是一个故事，但说明了一件事情，在需要做出重大决策时，个人恩怨或者说某些个人因素往往会影响全局的运作。决策者在做出决策时应该客观公正，尽量不要受到个人情绪的影响。

◆ 市场因素

经理人每天都要做出很多不同的决策，谁也不敢保证每个决策都是正确的。怎样才能做到让每个决策都尽可能正确？是站到围墙上面去看市场，想办法了解消费者需要什么，还是一天到晚坐在办公室里闭门造车？市场是经理人做出决策的风向标，但根据市场需求做出的决策未必完全正确，因为有人调查研究市场，有人在办公室中估算市场，二者的区别决定了决策是否具有科学性和可行性。

高屋建瓴地做决策

在做出决策之前应该先了解市场，统揽全局，掌握市场的整体状况。譬如，美国花旗银行想要关掉几家业绩不好的在泰国曼谷的分行，然后另选位置重新开几家。怎样选择新位置呢？有人建议他们干脆飞起来看一下。于是，他们租了一架飞机，在空中考察、拍摄，把曼谷各区域的银行分布情况都研究清楚后改开了新分行，收效明显。这件事说明只有在掌握全局之后，才能做出全面、科学的决策，而不是盲人摸象，只知局部，不懂全盘。

决策时要分清轻重缓急

讲到决策能力，做决策的人首先要考虑到两个重要的变数：一个是问题的重要和紧急程度；另一个是效果和效率。随着移动互联网的大发展，网络信息的大爆炸，每一个家公司的管理者平均每天大概要花两个小时，甚至更长时间在网上浏览信息、处理电子邮件和其他公务。网络浏览对时间的浪费是很难被觉察到的，在浩如烟海的巨大信息库中，人们很难判断哪些信息是重要的，以及它给你的决策和思考到底能提供多大帮助。

作为一名经理人，应该把你的精力和视线放在最重要的事情上，关键并不在于你每天处理了多少信息，而在于你处理了多少重要的信息。这种观念叫作注意力管理。自从计算机、手机这些东西成为人们必不可少的办公设备之后，人们的工作效率好像快了很多，事实上很多事情根本就没有达到预期的效果。

◆ 明确哪些是重要与紧急的事情

我们看一下表 3-1，这个表格有两个轴：一个轴表示紧急性，所谓紧急，就是需要立刻处理的事情；另外一个轴表示事情的重要性，也就是影响深远的事情。两个轴组合起来就构成了以下四个部分：第一部分是很重要、很紧急的事情；第二部分是很重要但不紧急的事情；第三部分是不重要但很紧急的事情；第四部分是既不重要也不紧急的事情。这个表是下级员工填好后交给上级领导审阅的，所以下级员工是填写人，上级领导是审阅人，而且因为这个表是对下级所做工作的测评，所以不准藏在抽屉里。通过这张表格，管理者能明确了解员工每天在做哪些重要和紧急的事情。员工也可以用它来做自我评估。

表3-1　重要与紧急的关系

<table>
<tr><td rowspan="3">紧急性＝
需要立刻
处理</td><td colspan="2">重要性＝影响深远</td></tr>
<tr><td>1
很重要
很紧急</td><td>3
不重要
很紧急</td></tr>
<tr><td>2
很重要
不紧急</td><td>4
不重要
不紧急</td></tr>
</table>

如果一位总经理发现部门经理每天都在做那些既不重要也不紧急的事情，对他就可能会产生两种看法：第一种是这个人不重要，每天

都在做不重要的事情；第二种则是这个人只会逃避，每天都只做不紧急的事情。如果一个人每天都在做重要和紧急的事情，人们就会认为他是尽职尽责的。

做这张表是为了提醒员工，每天应按照如下顺序做事情：首先要把最重要和最紧急的事情做完，其次做很重要但是不紧急的事情，然后做第三栏内不重要但是很紧急的工作，而第四栏中的工作，做与不做都无所谓。

从国企到民企，从高层领导到下级主管，也许没有哪位管理者可以在下班的时候处理完所有的事情，但每天下班前都应该把重要和紧急的事情及时处理完。确认完成后，就可以轻松自如地结束一天的工作了。

◆ 加班不等于工作重要紧急

有些企业的员工往往有这样一种做法，就是下班后继续工作，比赛看谁最后走，好像走得越晚就表明他工作越努力，其实这样做是不正确的。第一，《中华人民共和国劳动合同法》规定劳动者每天工作时间不超过 8 小时，如果你不能准时下班，而且上班时很努力地工作，那么是企业对不起你，应该给你加薪；如果你上班时喝茶、聊天、看报纸，下班时才开始工作，这样做就是你对不起企业了，不但不应该加薪，而且还应该负担企业的水电费，因为这种做法浪费了企业的资源。

◎ 案例

准时下班

美国某企业副总，有个专门负责替他整理文件的秘书。那个秘书工作很专心，可是每当听到下班钟声时，她就做一个很夸张的动作，把两只手抬起来伸懒腰，然后准备回家。这位副总发现她经常如此，就觉得这个秘书工作不努力。

有一天下班前副总故意到她身边，等她做那个夸张的动作。果然，秘书听到下班钟声一响，马上抬起手来，正准备收拾东西时，被副总伸手拦住，问："为什么这么着急呀？"秘书说："是很急。""为什么这么想回家？""是很想回家。"副总把手拿开，她问副总："我对不起你吗？""没有。""下班前有重要的或紧急的事情没有做吗？""没有。""公司发加班费吗？""不发。""那为什么不回家？"

她的话引发了副总的思考：第一，她没有对不起公司；第二，从来没有发现过她有什么重要的或紧急的事情不做就下班，重要文件、紧急文件她都会及时完成；第三，公司除非经理亲自批准，否则不会给谁加班费。那她为什么不回家？大家不应该都在那里比赛看谁最后走，而是要看他手中重要和紧急的事情是否在下班前完成了。

决策时要注重效率与效果

◆ 效率

与衡量事情的重要与紧急程度一样，衡量工作的效率与效果也有一个相似的表格。如表 3-2 所示，表中有两个轴：一个轴表示效率，即投入产出比；另外一个轴表示效果，指要达成的预期目标。

比如某家工厂，1 个工人，工作 1 小时，用 1 平方米的土地或办公室，花 100 元的生产费用，能生产出单价为 500 元的收音机 10 台。那么这 5000 元的产值也就是这家工厂的产出。

下面举例来具体阐述一下什么是效率。正如表 3-2 所示，效率＝产出 / 投入。说得更具体些，也就是指某个企业或工厂，每生产出一个合格的产品需要花费多少生产成本。如果这家企业或工厂的老板在生产经营上善于精打细算，则只需投入很少的生产成本就能生产出较多的高质量的合格产品来，那么这家企业或工厂的生产效率就很高。相应的，效率高的企业或工厂把他们所生产的产品运到市场上销售，就能赚到更多利润。

表3-2　效果与效率的关系

效率＝产出 / 投入	效果＝达成预期目标	
	1 有效果 有效率	3 无效果 有效率
	2 有效果 无效率	4 无效果 无效率

销售资金扣除生产成本后，所剩余的就是盈利。这些盈利即是这

家企业或工厂的销售利润。换句话说，新增加的盈利越多就说明这家公司或工厂的销售利润越高。销售利润越高，那么这家企业或工厂的经济效益就越好。

例如，一家善于计算成本的小轿车生产厂，每生产出一辆小轿车需要投入的生产成本为 1 万元（包括厂房、机器、水电费用、工人工资等）；另外还有一家不善于精打细算、一贯铺张浪费的小轿车生产厂，这家工厂每生产出一辆小轿车所需要投入的成本高达 10 万元。显而易见，后者的生产效率很低，只有前一家工厂生产效率的 1/10。换句话说，前一家工厂的生产效率是后一家工厂生产效率的 10 倍。生产效率提高了，工厂的经济效益也就相应地提高了。

◆ 效果

效果就是达成的预期目标。效率和效果这两个词不但中文很相似，而且英文也很相似，但是这两个词含义大不相同。如果要放弃一个，就应该选择放弃效率，成就效果。

回顾一下前面提到的表 3–1，它讲的是重要性与紧急性，下级填表给上级看，下级是填写人，上级是审阅人。而关于效果和效率的表 3–2 则正好相反，是上级填表给下级看。起初这个表是空白的，上级把下级员工的工作填在表里面：哪些工作是有效果有效率的填在第一栏，哪些工作是有效果没效率的填在第二栏，哪些工作是没效果但是有效率的填在第三栏，哪些工作是既没效果又没效率的填在第四栏。管理者填表给员工看，员工可以根据自己工作的效率和效果进行反省：为什么有的工作被填到第一栏，而有的工作却被填到第二三栏甚至第四栏呢？

员工都愿意在管理者面前表现自己很有效率，办事神速，但问题是有效果吗？企业追求的是效果，当然最好既有效果又有效率，实在不得已非要放弃一个的话，那就宁愿只有效果而没有效率，再不得已就是虽没效果但是好歹还有些效率，既没效果又没效率的事情是坚决不能做的。

提升执行力

学会了如何思考、如何决策之后，接下来要考虑的就是由谁来执行，答案是，选择执行力强的人。人用正确了，很多问题就会迎刃而解。那么谁是执行力强的人？谁是核心骨干？想得出答案，就需要对下属进行一下分析。

管理名言

任何人，如果他“很愿意裁员”，他就没有资格做企业的经理人；反之，如果他“不敢裁员”，也同样没有资格做企业的经理人。

——通用电气公司名言

分析员工的类型

◆ 经理人的 3 张表格

有关重要性和紧急性的表格，是下级填写给上级看的，可以通过这个表格检查员工有没有按照事情的轻重缓急开展工作。

有关效率和效果的表格，是上级填写给下级看的，可以通过这个表格评定员工的工作是不是既有效果又有效率。

有关能力和意愿的表格，如表 3–3 所示，是自己填写给自己看的，要求部门主管每人填一张表，这张表无须张贴、发放，只需放在自己的抽屉里做参考。

表3–3 能力与意愿关系表

<table>
<tr><td rowspan="3">能力＝
完成任务
的条件</td><td colspan="2">意愿＝愿意投入工作的态度</td></tr>
<tr><td>1
有意愿
有能力</td><td>3
无意愿
有能力</td></tr>
<tr><td>2
有意愿
无能力</td><td>4
无意愿
无能力</td></tr>
</table>

◆ 根据能力和意愿对员工进行分类

员工完成任务的条件叫作能力，愿意投入工作的态度叫作意愿。根据是否具有能力和意愿，可将员工分为 4 类：

第一类，有工作意愿和工作能力；

第二类，有工作意愿但没有工作能力；

第三类，有工作能力但没有工作意愿；

第四类，既没工作意愿又没工作能力。

◆ 如何对待这 4 类员工

对于既有工作意愿又有工作能力的员工，应尽量把权力下放给他们，让他们主动去做事。

对于有工作意愿但是没有工作能力的员工，应尽量加强对他们的培养训练从而提升他们的能力。

对于有工作能力但没有工作意愿的员工，应尽量激励他们，让他们逐渐产生工作意愿。

对于既没有工作意愿又没有工作能力的员工，可以放弃，至少可以不重用他们，当然最好还是把第四类员工变成第三类或者第二类员工，再让他们从第三类、第二类员工逐渐转变成第一类员工。

经理人应该是善用下属的人。经理人把人用对了，大部分问题就会迎刃而解。所以经理人永远要想：这个人我有没有用对？世界上没有不能用的人，只有用错地方的人。

选择适合的执行者

◆ 执行者首先要有诚信

判断一个人是否适合做执行者，首先要注意考核这个人的诚信度。

曾任智联招聘网 CEO 的刘浩先生说过一句话，大意是选人首先要看诚信，一个人如果不诚信，他的执行力就会打一个折扣。

孟子说得好："听其言也，观其眸子，人焉廋哉？"听一个讲话，观察他的眼睛，这个人内心的好坏便会一清二楚。如果有心想要了解一个人的诚信度，很多小地方都可以观察出来。

◎ 案例

细节见人品

一个女生在大学一年级时爱上了一个大学四年级的优秀男生。但后来她还是和那个男生绝交了，因为有几件事让她感到不快。

一天晚上，她和男生去看电影，排队买票时，有一个卖口香糖的孩子走过来说："先生，买包口香糖吧。"他呵斥了孩子。还有一天黄昏，他们坐在路边的椅子上聊天，晚风徐徐地吹来，夕阳在天边映照，没想到这时他竟跳起来踩地上的蚂蚁。经过分析，她觉得他没有爱心，生性残暴，于是就选择了分手。

这个男生毕业后与别人结了婚，但9个月以后就离婚了，原来他把太太痛打了一顿，差点把眼睛打瞎。这个女生得知此事后心想，当初如果没有和他分手的话，那个被打的人必然就是自己了。女生的做法就叫作见微知著，通过细节了解一个人。

◆ 不要随便让员工下岗

通用电气公司有一句名言："任何人，如果他'很愿意裁员'，他就没有资格做企业的经理人；反之，如果他'不敢裁员'，也同样没有资格做企业的经理人。"对企业来说，每一个员工都很重要，一家企业如果出现前面提到的第四类员工，最好不要随便叫他们下岗，而是把他们培养成第三类或者第二类员工，先让他们有工作能力或有工作意愿，然后再让他们从第三、第二类员工变成第一类员工。

通用电气公司前CEO杰克·韦尔奇先生运用优胜劣汰的原则把通用电气公司打造成了人才工厂。杰克·韦尔奇认为，一个组织中，好员工占20%，差员工占10%，剩下70%的员工为中间状态。善于用人的领导者，会用两头带中间，也就是随时掌握那20%和10%的员工姓名和职位，实施准确的奖惩措施，进而带动中间状态的70%。“让合适的人做合适的工作”一直是杰克•韦尔奇的用人理念。虽然讲起来很容易，但实际做起来却很难。

◆ 授权给谁

在选择执行者的时候，要特别重视以上提到的第一类员工，因为他们既有工作意愿又有工作能力，应该把他们培养成将来被授权、被重点培养的对象。

向执行者授权

应该怎么授权？有没有具体的流程？有。详情可参照图3–2。

◆ 见习官制度

有些人在企业工作时间不长就想离开，因为他不知道该企业会不会重用他。海军中有个见习官制度，在打仗时，如果舰长牺牲了，见习官马上就能接替舰长的位置。这个制度给人很大的启示，在企业里也可以设立见习官制度。如果某个员工符合条件、够资格，哪怕企业里暂时没有空缺的职位，也可以让他做个见习官，如见习厂长、见习副厂长、见习经理、见习副经理、见习督导等。

这样做有两个好处：一是提醒在位者注意，他如果不尽职尽责地工作，这个见习官就可能替代他；二是见习官随时有机会转为正职。这样人才就不会因不确定升迁渠道是否通畅而离开公司，因为他知道自己的工作能力获得了肯定，可以被任命为管理者，只是暂时没有空缺而已。

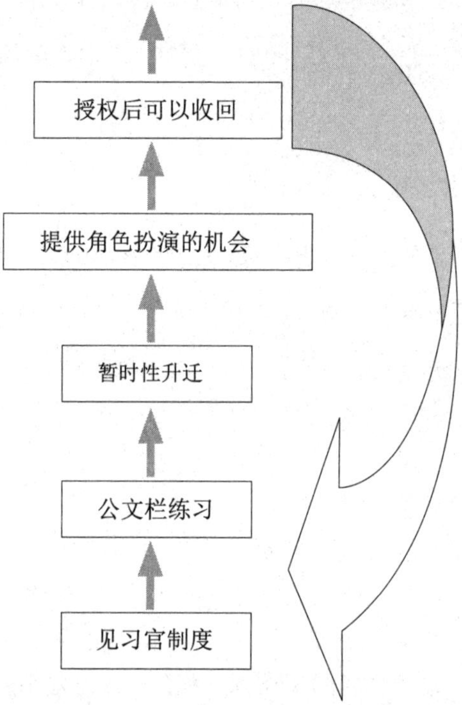

图3-2　授权流程图

不要轻易让员工下岗。

对于接班人，要在实际工作中认真地进行考察，不断地锻炼、培养。

忠 告

◆ 公文栏练习

一般请示批公文都是从下至上一层接一层地来操作，副经理交给经理，经理交给副总经理，副总经理交给总经理。但是，如果下级准备接替上级的工作，例如，副总经理准备接替总经理，就应该学会如何像总经理一样批示公文。我国古代就有这样的例子，唐高宗李治经常头痛，武则天就代唐高宗批阅奏折。由于她能够以皇帝的视角妥善的处理国家大事，从而为以后当皇帝打下了基础。

这给我们一个很大的启示：一个人要想当皇帝，就要先学会如何批奏折；要安排一个副总经理接替总经理，就要让他先学会如何批示公文。企业可以拟定一个公文栏练习制度，对于重要公文，秘书应提交两份：一份给总经理，另一份给副总经理。副总经理批示后交给总经理审阅，让其提出意见和建议，这样练习一段时间后，副总经理很自然就进入了角色，总经理就可以放心地把事情交给他去做。

◆ 暂时性升迁

也许有人会问，万一选中的执行者不合格怎么办？企业应规定经理级以上职务要经过两次升迁才能被确定，第一次要加一个“暂”字，表示暂时。经过一段时间的考查，如果表现良好，就去掉这个

“暂”字，进行第二次提升，升为正式的经理。如果发现第一次提升错误，就不会进行第二次提升。管理者的任命是一件重大的事情，如果人选不合格，势必要付出一定的代价，所以要尽量避免授权错误。暂时性升迁的优点就是可以给决策者留下一条退路。

◆ 提供角色扮演的机会

总经理不在时，副总经理代替，这叫作暂时性的授权。角色扮演不同于暂时性授权，它是在短期内给员工机会，在一个星期或几天内由一个人扮演总经理的角色，他所说的话和所签的字，都代表总经理，完全生效。这种做法对总经理来讲是个压力，因为他要对董事会负责，别人说错、做错都是总经理的责任。但暂时担任总经理的人压力更大，因为这样的换位思考是对他能力的一次重要考察。

◆ 授权后还可以收回权力

授权后并不是不能收回权力。授权和分权不太一样，授权就是说有个位置在某段时间内你可以坐，但只是暂时占据；分权就像分月饼，切一块出去给别人吃，这个月饼就少了一块。从授权到分权中间，还有一个重要的阶段，就是某个人真正能胜任一个新职位的角色转换过程。

例如经理向会计说，10000 元以下的费用店长就可以批示，10000 元以上的则由经理自己批示。后来经理发现店长批了一个 10005 元的单子，于是经理做出一个决定，告诉会计，从今以后 10000 元以下的也要由经理亲自批示。这样经理就收回了这项权力。所以，授权后也可以根据情况随时收回权力。

本章小结

一个人头脑再好，但如果没有优秀的决策力、出色的思考力和执行力，仍然不能成为一个合格的经理人。所以，一名经理人要注意培养自己的“三力”——思考力、决策力和执行力。

人们常常闭门造车，想当然地做决策，用自己的想法去替代市场的实际情况，这是错误的。我们要仔细分析市场，确切地把握顾客在想什么，把注意力放在顾客身上。这样才能做出更符合实际的决策。

经理人应该把精力用在最重要的事情上。关键不是每天处理了多少信息，而是每天处理了多少有意义的重要信息，这些信息会给决策和思考提供什么样的帮助。所以，决策时要兼顾重要性与紧急性的原则，注重决策的效果与效率。

在选择一个既有意愿又有能力的人来接替现有管理者时，要授权给他。在授权前要做很多事情：让选中的员工见习、进行公文栏练习、暂时性升迁等，最后真正从授权转到分权。

第四章

塑造优秀的企业文化

谦虚谨慎的经营态度是几乎所有企业都能获利的一种方法。

——山姆·沃尔顿

何为企业文化

企业文化的内涵

文化的影响力是非常深远的。提高一个人的工作能力只能增加一个人的工作效率，因为一个人的工作能力再好，也只基于他自己一人；优化一个部门的流程，则可以产生数倍的功效；而如果改造整个企业文化，就有可能产生百倍的功效。由此可见企业文化的重要性。

◆ 企业文化不是一种口号

国内一些企业把加强企业文化建设作为提高管理水平与增强企业竞争力的手段。但实际上，大多数企业的企业文化建设工作还处于给企业做几条响亮的口号，或者仅仅是提炼一些高深的企业理念、信条的阶段，以为把口号钉在墙上就是文化了。最常见的“顾客就是上帝”“顾客永远是对的”“员工是企业最大的财富”“有满意的员工才有满意的顾客”等，都只是一个口号，讲到最后就成了“作秀”，是摆个样子给别人看的。

如果从老板到员工，大家都把顾客真正放在心上，那么我们就可以发自内心地说“顾客是上帝”了，这才是企业的文化。很可惜，通常这种意识只落在老板身上，除非是经过长久、系统的教育训练并不断地要求，才能使“钉在墙上”的口号落到实处成为企业文化。

一家企业想要有危机感，就要企业全员都有危机感才行；一家企业要有目标，就要大家都认同这个目标才行；一家企业要想确立企业文化，就要大家都遵守同一种价值观才行。

◆ 企业文化是一种判断标准

找工作的时候，应该选择什么样的企业呢？每个人的心里都有不同的标准，有的人选择高薪，有的人选择更大的发展空间，有的人选择实现自己的梦想。一个以往容易被人们忽视，现在越来越被重视的因素——企业文化，已经成为人们判断和选择企业的重要标准之一了。

大企业尤其要注重企业文化的塑造。100 人以下的公司，不管是文化、制度、流程，还是细节，都比较好做。一旦超过 100 人，管理的困难度就开始上升，500 人就要花很多的心思了，1000 人就很难做了，5000 人以上就比较难运转了。所以千万不要等到员工超过 1000 人时，才开始研究企业文化，才开始研究管理，这时就太晚了。员工在达到 100 人的时候，就是一个管理瓶颈。

◆ 企业文化是一种价值观，要融入行为中

文化是一种价值观，是一种表现，是一种感觉，尤其是一种别人在你身上感受到的气韵。

企业文化作为一种基本价值观，是一种企业内部共同遵守的原则、共有的认识，是企业的全体成员共同遵守和信仰的价值体系、行为规范。

忠告

企业文化作为一种价值观，其本质上是在描述与界定企业的“事业边界”。就如管理大师彼得·德鲁克所说，每一家企业都需要通过宗旨使命的分析与描述，回答3个最基本的问题：“我们目前的事业是什么？”“我们的事业将变成什么？”以及“我们未来的事业应该是什么？”这3个基本问题的核心并不是描述企业的理想与希望，而是需要“面向顾客”描述企业组织的任务。

一家企业是否有自己的文化，我认为完全可以从以下3件事情来衡量和判断：

第一件，全体员工都觉得这件事情很重要吗？

第二件，全体员工每天都会想到这件事情吗？

第三件，全体员工每天都会用这个方法去做事吗？或者每天都表现出来了吗？

如果第一件事情的答案是YES，则表示“那是你们的价值观”；如果第二件事情的答案是YES，则表示“它已经融入了你们的思想”；如果第三件事情的答案是YES，则表示“它已经融入了你们的行为”，也就是说，企业文化已经落实了。以上这3件事情如果都做到了，我们就说这个企业有自己的文化。企业文化并不只是大家在嘴上喊的一个口号，更是一种共有的价值观，最终要融入思想与行为中。

对中国企业来说，重塑企业文化，不是组织一帮人研究和讨论企业文化是什么，而是尽快找到一种共同的价值观，并内化为你的经营思想和行为，细化到企业生产中的每一个环节，最终在员工的行动中表现出来。

◆ 商业活动要有文化内涵

人们常说“文化搭台，经济唱戏”，很多人都喜欢将自己的商业活动与文化关联起来，但是具体操作起来却并不一定有文化内涵。

上海徐家汇老车站附近有家很漂亮的餐馆，餐馆院子里摆了两节列车，其中一节是宋庆龄坐过的，另外一节是慈禧太后坐过的。哪一节列车是慈禧太后坐过的，哪一节是宋庆龄坐过的；宋庆龄是什么时候坐的；宋庆龄坐这节列车是到哪里去，是观光、出差，还是考察？如果这些问题，这家餐馆的服务员能讲出来，就说明餐馆的文化已融入他们的思想和行为中；如果讲不出来，就说明所谓的文化只不过是表面文章，算不上真正的企业文化。

同样是在上海，汾阳路曾有一家仙炙轩餐厅，非常漂亮，这家餐厅以前是白崇禧的故居。如果向服务小姐询问餐厅的名字是否是英文名字时，服务小姐会马上告诉你，这不是英文，是希腊文，意思是神仙吃的食物，所以中文名字叫作仙炙轩。服务小姐还会向客人介绍二楼白崇禧将军的卧室、书房、起居室、客厅、回廊、小阳台。这家餐厅不仅保留了白崇禧漂亮的故居，还对全餐厅的服务人员进行了培训，将高雅的文化与吃的艺术完美地结合在一起，并将二者慢慢地融入员工的思想，最后在员工的行为中表现出来。

◆ 企业文化是企业发展的基础

如图 4-1 所示，在这个三角形中，下面的部分是企业文化，上面的部分是企业的发展、团队精神和创新学习。企业的发展要以企业文化为基础。如果企业要创新学习，就应该学习先进的企业文化，学习其他企业的优秀传统，学习一种工作态度。文化不仅仅是一个口号，更是一家企业的思想和行动指南。

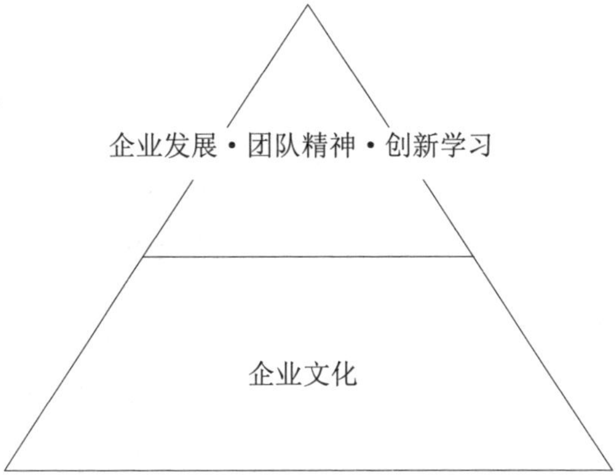

图4-1　企业文化对企业发展的影响

企业文化与创始人的哲学

◆ 创始人的哲学

这家企业是谁创建的，谁就应该对它的文化负责。一家企业创始人的哲学态度和价值观，会深深地影响到这家企业的未来。一位优秀的创始人，往往可以影响企业很多年，比如迪士尼公司的华特·迪士尼、肯德基的老上校哈兰·山德士、沃尔玛的老板山姆·沃尔顿，直到现在仍令人印象深刻。同样，中国海尔集团的张瑞敏先生，影响力也一定会持续很久，这就叫作创始人的哲学。

一个人如果想创办一家企业，他就会挑一些志同道合的人来共同创业。在这里有两个关键：第一，谁是高级主管；第二，如果这些人跟创始人的观点不一致，能不能塑造、改变他们，以致达成共识，最后慢慢形成一种文化（见图 4–2）。

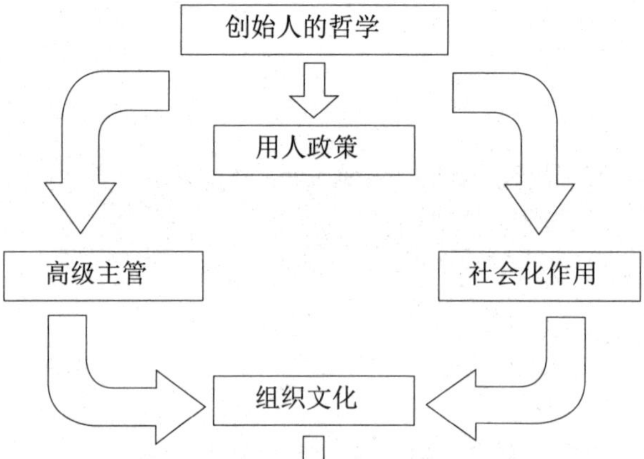

图4–2　创始人哲学对企业文化的影响

创始人的哲学是企业文化的开端，会影响到企业的用人政策，这种哲学观在经过社会化的催化作用后，最终形成组织文化，不喜欢、不适应、不认同这种文化的人只能离开。因此，如果你是或打算成为一家企业的创始人，那么你就要特别注意了，因为你的价值观将对企业的未来产生巨大的影响。

◎ 案例

满载而归

美国沃尔玛的创始人山姆·沃尔顿已去世多年了，但是他留下来的企业文化直到今天都影响着整个沃尔玛。

他有个习惯就是站在店门口观察。有一天，他看到一个老太太走出沃尔玛时，居然两手空空，于是就上前问："这么大一个沃尔玛难道就没有您想买的东西吗？"老太太说是替孙子来买玩具的，要买一个机器人和一个宇宙战舰，在店里没有看见。于是他就亲自带这位老太太去玩具部找到了她需要的物品。等老太太很高兴地付了钱、抱着玩具走了以后，他就把主管叫过来训斥了一顿："我付钱请你们过来当主管，是叫你们服务顾客的，你看着人家两手空空地走出去，居然没有任何反应。"没想到这后来就变成了沃尔玛的一种文化——沃尔玛的主管一律注意看顾客手上有没有拿东西，一定要想方设法让顾客满载而归。

◎ 案例

狼性文化

任正非先生是中国华为公司的创始人，军人出身，具有战斗意识。华为公司主要生产电话程控交换机，这几年华为的业绩越做越好，凌驾于对手贝尔公司之上，给贝尔带来了很大的威胁。然而华为的企业文化居然只有一个"狼"字，狼的文化，狼的嗅觉。

任正非先生说狼有3个特性：第一，狼嗜血，什么地方一有血腥味，它很快就闻到了。这是指华为作为一家企业，要随时保持对商机的敏感，任何地方有利益、有商机，就要像狼闻到血腥味一样，能够马上敏锐地感受到。第二，在寒天大雪中狼也出动，狼不避风雨，不怕寒冷，即使环境再恶劣，也要活下去。最重要的是狼的第三个特性，成群出动。中国人说虎狼成群，意思就是说狼一出动就是一群出动，狼打团体战，从来不单兵出击。

所谓企业文化，其实核心就是企业创始人的价值观、企业创始人的风格，甚至是创始人个人喜好的最佳体现。

创始人的哲学决定企业的价值观——创始人重视什么，下属就会注意什么。创始人讨厌官僚，下属会溜须拍马吗？创始人讨厌散漫，哪一个敢不积极？创始人不喜欢邋遢，谁会肮脏不堪、乱到一塌糊涂呢？创始人喜欢做事完美，哪个敢对偏差无所谓呢？所以，创始人的概念、价值观，就是企业的概念和价值观。

每一位经理人都要对自己的那一部分负责任。也就是说，如果你不是创始人，但你是董事长，那么你所引领的就是企业的主文化，整个企业的文化就受你影响；如果你上面曾经有一个伟大的创始人，而他的文化也是优秀的文化，你的责任就是把它继承并坚持下去，否则，你就等于创立了一种新文化，把原来的企业文化整个改造了。如果你是一位部门经理，那么你引领的就是企业的次文化。如果你是一位车间主任，那么你能够影响到的，就是次文化里面的一个小的次次文化。这就表示，不管你是哪一层的，你至少要对你的那一部分负起责任，就是小到一个车间主任，也要搞好一个车间主任职责范围内的文化。

松下幸之助说过："创业初期我走在前头；发展阶段，我站在中间；而发展后期，我站在后面。"松下幸之助在企业发展中所处的3个"地方"，实际上是经理人所扮演角色的3个阶段：从初期凡事亲力亲为的"人手"，到站在中间抓组织管理的"人才"，再到站在后台的讲理念、做文化的"人物"，逐渐进行着不同角色的转变。

◎ 案例

节俭的富豪

台塑集团创始人王永庆创立了"节俭"这种企业文化。王永庆的节俭表现在很多方面。比如说，我们去店里喝豆浆，会跟老板说："老板，甜豆浆一碗，打个蛋。"老板就会端一碗豆浆过来。这碗甜豆浆是满一点还是亏一点，由谁决定？那当然是老板决定。老板舀一勺子豆浆，里面盛着一个蛋，就端过来了。

王永庆从来不这样喝，他点豆浆的时候会说："老板，甜豆浆一碗，满一点。"他会加一句"满一点"，老板听他说"满一点"，就盛上满满的一碗，问道："王老板，你看这样够满吧？""不错，满！"他就拿起来，猛喝一口，说道："老板，再打个蛋。""再打个蛋"，这叫作赚到一口。

这只是一件小事，但却代表了一种文化，使整个企业形成节俭的意识，进而融入员工的日常行为之中。

◆ 创始人的哲学影响企业的组织建设

创始人的哲学态度，会在潜移默化中对企业员工产生影响，久而久之就形成一种企业文化了。

◎ 案例

福特汽车公司的黄金原则

在漫长的发展历程中，福特汽车公司几起几落，历尽沧桑，其创始人亨利·福特逐渐总结出了自己的经营原则，即流行于世并享有盛誉的四大“黄金原则”。这四大原则，体现了亨利·福特的进取、宽容、服务、诚实，同时给予服务极高的地位，可以说是这个企业行为文化的体现。这四大原则是：

第一，要把为顾客服务的思想置于追求利润之上。利润不是目的，只不过是为顾客服务的结果而已。

第二，所谓生产，绝不是廉价买进又高价卖出。它应是以合适的价格购进原料，花费尽可能少的费用，把原料加工成有价值的产品，再卖给消费者。冒险、投机、欺诈的行为，只能阻碍生产的发展。

第三，不留恋过去，失败不过是给人们重新开始和更聪明行事的机会。

第四，不要恶意竞争。谁经营得好，谁就能在竞争中取胜。企业强行抢夺别人的生意是犯罪。

正是福特公司特有的企业文化使它经过一百多年的发展，至今仍保持着良好的发展势头。

文化是将价值观融入行为中，如果没有这样做，就不是一种文化，充其量只能够叫作一个口号、目标、希望。

◎ 案例

通往消费者内心的桥

上海市医药股份有限公司的企业文化共有3条：第一条，诚信是金；第二条，关爱为桥；第三条，架设健康金桥。

以“关爱为桥”为例，可以设想几种情景：第一种情景，如果上海市医药股份有限公司的员工在街上，看到一个孩子哭哭啼啼，他们会不会过去关心一下？第二种情景，如果该公司的员工走在人行道上，看到一辆自行车摔倒在地上，他们会不会走过去把骑车人扶起来？第三种情景，该公司的员工在地铁站下台阶时，看见一位女士双手拎着很沉重的箱子，腋下又夹着一个皮包，他们会不会立即上前帮着拎一下呢？如果他们做到了，“关爱为桥”就是他们的企业文化；如果他们没做到，“关爱为桥”实际上就只是他们的口号，不是企业文化。

企业创始人正确的哲学态度、做事风格以及个人喜好，是企业树立良好价值取向的前提。

企业创始人要始终重视个人的用人政策对企业文化的决定性作用。

忠告

企业文化测评

掌握企业文化测评的关键指标

没有企业文化就没有核心竞争力。

测评企业文化要观察它的特征，下面共列出 10 项关键指标，通过分析这些关键指标来测评企业文化，看看企业是否具备以下特征，或者说这些特征是否明显。

◆ 个人拥有独立自主权的程度

企业应该是经理人说了算，还是应该让员工独立自主地做决定？如果“经理人说了算”是一种文化，“员工可以充分自主”又是另外一种文化，这两种你选哪一种？是倾向于前者还是后者？还是刚好在中间？

◆ 对员工冒险的容忍程度

前面讲到经理人的用人态度时，提到了鼓励员工冒险，培养员工的自信心。员工犯错以后是立刻追究，还是把犯错当作企业的成本？

在这两种情况下，你选择哪一种？还是两者兼有——重大错误处分，小的过错原谅，不大不小的错误就给一个警告？这叫作对员工冒险的容忍程度。

◆ 目标和绩效相结合的程度

企业的目标、口号提出来后，有没有相应的方法去考核业绩？业绩与企业制定的目标是什么关系？是不是无论企业的目标达到与否都可以升职？还是达到了也可能不升职？是不是目标达到与否都一样领薪水，做得出色也不会加薪？如果是这样，那么就是绩效和目标脱钩。如果绩效和目标脱钩，企业文化就是一种“大锅饭”的文化；如果企业文化能够使绩效和目标紧密结合，那么就是一种非常先进的企业文化。

◆ 各部门彼此协调运作的程度

各部门主管是自己协调运作、水平沟通，还是凡事都等着总经理开会协调，这体现了一家企业中员工彼此协调运作的程度。

◆ 经理人支持员工的程度

员工犯错误，经理人要承担责任；员工有过错，经理人也要连带受过。如果经理人认为过错都是员工的，功劳全是自己的，那么员工就会失去工作的积极性；反之，凡事经理人都承担过失，就会纵容员工不重视纠正自己的过错。

◆ 规章制度多寡的程度

一些企业规章制度很少，只有一个简单的框架，但大家都自觉遵守，自主协调，自主沟通，自我规范；有些企业规章一套一套的，规定一本一本的，却形同虚设，总是需要开会协调，强调员工要遵守规章制度。

◆ 成员对整个组织的认同程度

董事长发现地上有一张打印纸，按照他的习惯，他一定会捡起来，但这次他故意没有捡，他在不远的地方站着。一位副经理经过后，纸还在地上，董事长拦住他，问道："地上有一张纸你没看到吗？"董事长继续说："那张纸是我们的经费买来的。它如果在你们家的地板上，不知道你会不会捡起来？"他没有让副经理把纸捡起来，而是把办公室其他的人都请了过来，在场的一共16位，董事长让副经理把纸剪成16块，撒在地上，让大家每人捡一块。

这种做法看起来有点小题大做，但是可以让每一位员工体会到应该如何对待共同财产。经理人有时候应该故意做一点激励员工的事情，让每一个人都体会到，企业不单单只是一家企业，还是一个家，企业的东西不可以随便丢、随便用、随便扔。员工如果像爱护自己的东西一样爱护企业的财物，就说明他认同整个组织。如果员工把企业看成一个家，当企业发生问题时他就不会逃避，而会与企业齐心协力共同渡过难关。

◆ 薪酬与绩效结合的程度

员工拿多少薪水应该与他为企业做出的贡献联系起来，贡献大的人应该受到奖励。可以这样设计企业的薪酬制度：第一部分叫作本薪，也叫基本待遇；第二部分叫作个人奖金；第三部分叫作团队奖金；第四部分叫作后勤奖金。每个月大家拿到的薪水可能都不相同，因为每个人的表现不一样。有的人有个人奖金，没有团队奖金；有的人在团队奖金里可能分得一部分，但是也许没有个人奖金；有的人不是营业人员而是后勤人员，比如说财务部，可能有后勤奖金。总之，要把员工的薪酬和绩效联系起来。

◆ 允许员工公开争执与批评的程度

许多企业开会时，没有人当面对别人提出批评，纠正错误。开会时一片祥和，会后放马后炮、扯后腿、挖墙脚。在美国、德国的许多企业里，开会时，员工可以拍桌子，争论不休，但是会后只形成一种声音，这就是一种可以容忍员工公开批评的企业文化。一旦开完会，签完字，所有人都要支持这个方案，这一方面体现了团队精神，另一方面是允许员工公开争执，这才叫作真正的企业文化。

◆ 内部沟通受到层级限制的程度

如果下属的意见不能上达，主管在中间截取了报告，那么还有没有别的渠道可以上达？如果中层领导掩盖事实，底层员工的意见不能传达给上层领导，这说明内部沟通存在着问题，需要疏通，需要建立一个合理的上传下达的渠道。

区分主文化和次文化

◆ 主文化的含义和地位

主文化又叫作核心价值，是企业运作时的主导文化，影响与引导整个企业的价值取向。

浪琴表的销售总监带人参观企业总部，大家一致的感受是企业很漂亮，不愧是世界一流的名表生产厂家。办公区非常干净，地毯、落地窗都很别致，墙上还挂了一幅雷诺阿的油画，销售总监说这是真迹，做真的表就要挂真的画，办公楼内还有很多艺术品，也都是真迹。奥黛丽·赫本是浪琴表的第一代代言人，浪琴表用奥黛丽·赫本来体现一种高贵、优雅的生活态度，浪琴表推崇这种生活态度，使之成为浪琴的企业文化。

◆ 次文化的含义和地位

企业内部因各个部门、团体以及非正式组织的存在，在主文化的里面还有次文化，也就是大文化里边有小文化。如图 4–3 所示，把次文化画在主文化的里面，就表明它不会超越主文化。有的企业在大江南北都有分公司，那么也许每个分公司都有自己的次文化。例如中国移动总部在北京，但是山西分公司有山西移动文化，湖北分公司有湖北移动文化。

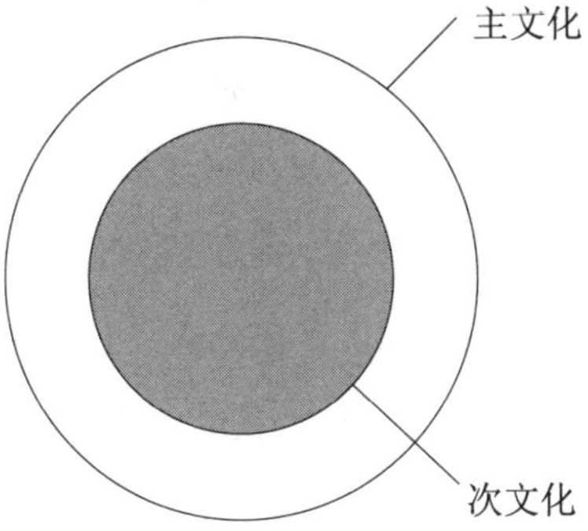

图4–3　主文化与次文化的关系

除了图 4–3 所示的关系外，主文化与次文化也可能冲突，次文化独立于主文化之外，或与主文化有交集的部分，这就意味着企业不会对部门和小团队的任何事情都表示承认和赞同。

前面讲到，如果企业文化是一个大文化，那么部门文化就是小文化了。企业如果有销售部门，主动、积极、灵活，就是销售部的文化。人力资源部则倡导，和蔼可亲、凡事低调处理、重视人际关系、讲话不显露锋芒，正好跟销售人员完全相反。财务部总是跟数字、金钱打交道，要谨慎、认真，有典型的财务作风，所以财务部要有一种财务文化。销售部、人力资源部、财务部都有各自的文化，这些都是次文化。

不同的企业有不同的企业文化，根据文化的不同，我们还可以企业文化分为两类：强势文化和弱势文化。

强势文化的代表是安利公司。安利公司在中国推行的是一种强势文化。安利公司的推销员在火车站的月台上遇到不认识的人，也会掏出一支安利牙膏，拿出一瓶安利洗面奶，给人们讲解，随时随地展现出它的产品。他们有时会在顾客面前表演，这边挤安利牙膏，那边挤其他的牙膏，两种牙膏同时在两块玻璃上磨，一边磨，一边用水洗，然后拿来给顾客看，其中的一片光洁如新，另外一片上面好像毛玻璃一样。他会告诉顾客使用其他牙膏牙齿会被磨损，安利牙膏却可以使牙齿光洁如新，完全不伤害珐琅质。他们能对任何一位陌生人演讲，该公司有一句名言：“任何时间、任何地点、任何人都可以卖，只要是安利产品都可以卖得出去。”这其实是一种强大的直销文化，它成就了安利在中国的业绩。

弱势文化的代表是杜邦公司。杜邦公司很看重人才，这家公司曾经出过安全事故——在一次意外中，死了6个人。管理者为此非常难过，于是制定了几个简单的规定：第一，下楼梯时，手一定要扶到扶手上面，要让员工感受到生命的重要；第二，做事情时一定要小心，开车时一定要系安全带；第三，到银行去领现金时如果碰到歹徒抢劫，就把手举起来让他把钱拿走。把钱拿走没关系，第二天回公司报销，因为生命比金钱更重要……公司处处从细节为员工着想，这是一种让人感动的弱势文化。

本章小结

企业文化是看不见的软件，不能把它仅仅看成口号。企业文化是一种工作态度、一种价值观念，是企业发展的基础，要将其融入员工的行为。价值观、行为准则、企业经营管理哲学、经营理念、企业精神等共同构成了企业文化的核心内容。

企业文化是企业在生产经营管理过程中形成的观念的总

和，是一种以人为中心的企业管理理论，它强调管理中的软要素，其核心含义是企业的价值观。企业文化是企业创始人的哲学，企业创始人的文化、价值观、风格，甚至是他个人的喜好都会直接影响企业的长远发展和企业的组织建设。

任何企业中都有主文化和次文化，主文化和次文化是共存共融的，次文化依附于主文化。但是我们也要承认，国家与族群之间有不同的文化，组织和部门之间也有不同的文化，还有强势文化和弱势文化，我们首先要承认它们的存在，再把它们有机地结合在一起。

第五章

提升逆境商数

卓越人物的一大优点是：在不利与艰难的遭遇里百折不挠。

——路德维希·凡·贝多芬

| 逆境的来源和作用 |

逆境商数的定义

◆ 什么是“3Q”

IQ（Intelligence Quotient），智力商数，简称智商，是指一个人所具有的智力水平的数量化指标。智商的高低会影响到人对知识的理解和掌握程度。

EQ（Emotional Quotient），情绪商数，简称情商，是指一个人对环境和个人情绪的掌控和对团队关系的运作能力的数量化指标。

AQ（Adversity Quotient），逆境商数，简称逆商，是一个人面对困境时缓解自己的压力、渡过难关的能力的数量化指标。

有的人 IQ 很高，但是 EQ 很低，即智商高、情商低，这表明他很有可能不能很好地领导团队；有的人 IQ、EQ 都很高，但 AQ 低，即智商和情商高、逆商低，这表明他很有可能不能很好地面对逆境。

◎ **案例**

入职考察

台积电公司创始人张忠谋在上海开设了分公司，招聘员工时就要考察“3Q”。他用人首先注意员工的IQ，即以前的学习能力、知识水平怎么样，解决问题的能力如何；其次是EQ，就是员工如何控制情绪，如何激发团队热情，如何与他人水平沟通；再次是AQ，就是员工是否不屈不挠、具有耐力，面对困难时是否乐观。综合“3Q”的考核来决定员工的录用、提拔。

管理名言

逆境是达到真理的一条通道。

——乔治·戈登·拜伦

◆ IQ、EQ与AQ的关系

IQ、EQ与AQ的关系可以用登山来形容。按照社会学家的调查，登山的人有3种：

第一种叫作放弃者，他还在山脚下时，看到山很高，就产生畏难情绪或恐惧心理，面对困难即打退堂鼓，还没开始就已经放弃，这种人在普通人中要占70%。

第二种人叫作半途而废者，他们攀登到半山腰时，在那里搭个帐篷，就心满意足了，或者说再也不想向困难挑战了，这样的人占25%。

第三种人叫作攀登者，他们最终可以到达巅峰，站到山顶上，这种人只占 5%。

所以，整个人群中 70% 的人是安于现状的；25% 的人具备斗志，但是不能够达到目标，对追求的痛苦和甘甜只是浅尝辄止；只有 5% 的人可以真正到达山顶，如图 5-1 所示。

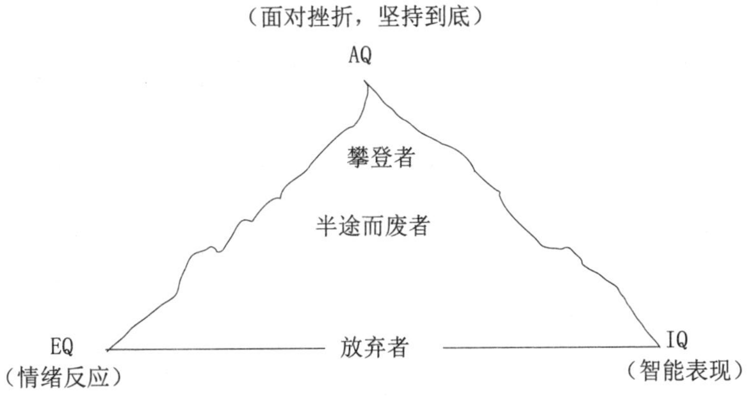

图5-1　IQ、EQ与AQ的关系

同样可以用 IQ、EQ 与 AQ 来解释登山者需要具备的素质，如图 5-1 所示，登山者要具备以下 3 个条件：

1. IQ——具备登山的知识

IQ 的 I 也可以解释成知识（Information），首先应该具备登山的知识，这座山该怎么攀登。如果攀登珠穆朗玛峰，首先要考虑怎么进藏，是从四川进去走川藏线，还是从云南进去走滇藏线，这些知识都属于 IQ。

2. EQ——具备登山的工具

要登山应该筹备好登山的工具，比如冰斧、背包、毛毯、干粮、信号弹、绳索、小刀、登山鞋、眼镜、防风帽等装备。EQ的E本来是情绪的意思，现在可以把它解释成装备，既有这些装备，又有登山知识，就具备了登山的最基本条件。

3. AQ——具备登山的毅力

最终决定你是否能攀登上去的叫作AQ。一个人拥有一身装备，冰斧握在手上，绳索也绑好了，也带上了信号弹和一切必要的装备，但最终还是惧怕高耸的雪山而半路折返，就是因为没有AQ，即缺乏面对挫折坚持到底的毅力和勇气。

◎ **案例**

逆境中的伟大者

古希腊有一位雄辩家名叫德摩斯梯尼。他小的时候声音微弱，口吃严重。每当小德摩斯梯尼看到雄辩家们滔滔不绝地演说时，就希望自己也能够成为雄辩家。为使声音洪亮有力，他站在海边，口含小石子大声刻苦练习；为增大肺活量，他一边演说一边跑步攀登山丘；在镜子前，他反复练习演讲时的各种动作和姿势……有志者事竟成，终于在一次辩论大会上，他取得了全胜，成为古希腊著名的雄辩家。

德国著名音乐大师路德维希·凡·贝多芬17岁那年母亲去世了。酗酒成性的父亲经常没有节制地喝酒，生活上也放荡不羁。沉重的家庭负担都压在了他一人身上。后来，不幸的路德维希·凡·贝多芬又有了新的苦恼。才二十几岁，他发现自己出现了耳聋的症状，这使年轻有为的他非常痛苦。没想到，接下来几年他的耳病愈发严重了，甚至最后还失去了听力。但是，路德维希·凡·贝多芬没有被命运压垮，始终顽强地生活，他在给一位朋友的信中写道：“我要扼住命运的喉咙，它决不能使我屈服。”

法国青年拿破仑·波拿巴自惭奇丑，他在回忆录中写道：“人人都说我除了几何之外，一无所长。人人都不喜欢我，我干枯得像一张纸。”所以他在自己的思想上痛下功夫。经过努力，他终于成为一个在世界历史上都引人注目的伟大人物。

还有凿壁偷光的匡衡、默写医书的华佗、墨染水池的王羲之、摘取数学王冠的陈景润、苦学成才的陶行知、执着忘我的爱因斯坦，困难面前强者胜，他们所取得的成就无不来自坚强的意志、完善的人格。AQ 决定了一个人在逆境中的士气，决定了一个人面对挫折时是否有昂扬的斗志，是一个人能否成功的关键。

逆境的来源

逆境是怎么造成的？有的来自个人，有的来自工作场所，有的来自社会，有的人可能这 3 种逆境都要经历。如图 5-2 所示，可以用金字塔来表示逆境的不同来源和程度。

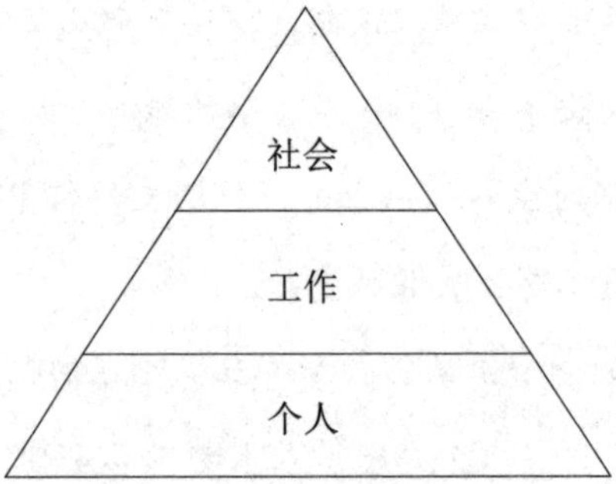

图5-2　逆境的三种来源及程度

◆ 来自个人

来自个人的逆境有很多，例如因年少贪玩而没有完成学业，或年轻时就失去了父母，或身患残疾，或个人在发展的过程中心理受到伤害出现精神异常，甚至婚姻不幸等。从学业到生活到婚姻中所碰到的这些逆境都与个人有关。

◆ 来自工作

进入一家企业，可能碰到企业的经营状况不好，被迫下岗、离职或是不得不提前退休，或被安排在一个自己不喜欢的职位上，甚至于被企业委派了一个艰巨的任务，调到自己不喜欢的国家和地方去。这些都是工作带来的逆境。

◆ 来自社会

社会环境也会给人们带来压力。在社会里，有的人受到不太公平的待遇，受到社会舆论的指责，形成了种种压力，这其实也是社会带来的一种逆境。

◆ 来自三者的结合

有些人三种逆境都遭遇到了。近代战争时期，很多人失去了求学的机会，有的家庭遭到波及，失去了亲人，有的工作发生了变故，失去了赖以生存的保障。改革开放以后，有了许多学习就业的机会，但很多人已经失去了美好的青春年华。

逆境的作用

人的一生，很难一帆风顺，总会遇到逆境，不论逆境来自何方，对于热爱生活的人而言，它都不能磨灭人们对生活的信念，有时还能激起斗志，起到激励和鼓舞的作用。

◎ **案例**

正确面对逆境

印度的甘地与南非的曼德拉，都曾被关押在监狱里，最后他们分别成为印度和南非的国父。这就是逆境激励意志顽强的人勇于生存、增强斗志的最好例证。

成就卓著的华商李嘉诚年少岁时父亲去世，身为长子的他不得不结束学业去当学徒。台塑集团的王永庆，从小跟着叔叔学做生意，从卖米、卖木材开始，最后变成了富商。他说：“天下的事情，没有轻轻松松，舒舒服服让你能获得的，凡事一定要经过苦心追求，才能真正明了其中的奥妙而有所收获。”

这些事例都说明一个人只有正确地面对逆境、面对挫折，才会取得成功。

不管是印度的甘地、南非的曼德拉，还是李嘉诚、王永庆，都是在逆境中生存、增强斗志的。为什么逆境能帮助生存、增强斗志呢？可以总结成3个要点：敌人帮助成长，危机提高警觉，困境刺激思维。

◆ 敌人帮助成长

在求学和工作的过程中总会有竞争对手，我们姑且把他们称之为“敌人”。在激烈的竞争过程中，也许人们都不喜欢有太多实力强劲的对手，但一旦成功之后，就会体会到竞争对手的作用，有些成就是因为有“敌人”的刺激才取得的，如果没有那些强劲的对手，也许一个人的潜力就无法被挖掘出来。正如《孟子》中所说：“无敌国外患者，国恒亡”。

◆ 危机提高警觉

做老板要有三种感觉，归属感、压力感、危机感。

归属感：首先要把企业当成是自己的家，这叫作归属感。

压力感：随时都要承受市场带来的压力，这叫作压力感。

危机感：任何时候都知道企业有可能随进会面临倒闭的危险，这叫作危机感。

在企业中，位置越高，危机感越重，归属感越强，压力感也就越明显；位置越低越没有归属感、压力感和危机感。很多大企业都没有想到自己会有危机存在，因为凯马特超市没有危机感，所以就被沃尔玛超市淘汰了。危机感是使一家企业或一个人长久地立于不败之地的必要条件。

◆ 困境刺激思维

如果蒲松龄不是生活不如意，他也许不会写出《聊斋志异》；如果曹雪芹家境没有败落，他也许就不会潜心于书斋写出伟大巨著《红楼梦》；如果卡尔·马克思在英国不是很困苦，他也许就不会呕心沥血写下《资本论》。

卡尔·马克思在德国和法国找不到容身之地，就去了英国。在英国，出身于贵族的漂亮小姐嫁给了他，跟着他不断流亡，生活非常窘迫，7个孩子中有4个孩子因为贫困不幸失去了性命。太太临终前也没能吃上一口热腾腾的汉堡。只有好友弗里德里希·恩格斯不断地激励他、资助他，正是在这种艰难的环境下，他写出了轰动世界的《资本论》。困境会刺激思维，只要不被困境压倒，也许就能做出非凡的成就。

敌人帮助成长，危机提高警觉，困境刺激思维，这就是逆境帮助生存的道理。如果没有竞争对手，没有巨大的市场压力，一家企业可能发展很慢，甚至止步不前；有了敌人的威胁，生存和成长的意志反而变得顽强起来，这就是所谓的逆境能增强斗志、帮助生存的道理。

人最怕的是没有斗志，气馁了就等于失去了通过努力取胜的机会。在遇到困境时可以暂时消沉，但不能被打败。

逆境帮助生存，增强斗志。

敌人帮助成长，危机提高警觉，困境刺激思维。

忠告

◆ 正确对待逆境，提高 AQ

如图 5-3 所示，横轴代表逆境，纵轴代表希望改变结果的能力。有一种人如果逆境强度增强的话，他希望改变结果的能力就下降，没有信心去改变环境。而另一种人，面对挫折，越挫越勇。路德维希·凡·贝多芬说："卓越人物的一大优点是：在不利与艰难的遭遇里百折不挠。"AQ 高的人，碰到问题都有决心去改变，希望能改变可能出现的结果。也有一种人 AQ 很高，但是如果碰到的逆境过于强大，他的 AQ 还是会降低。

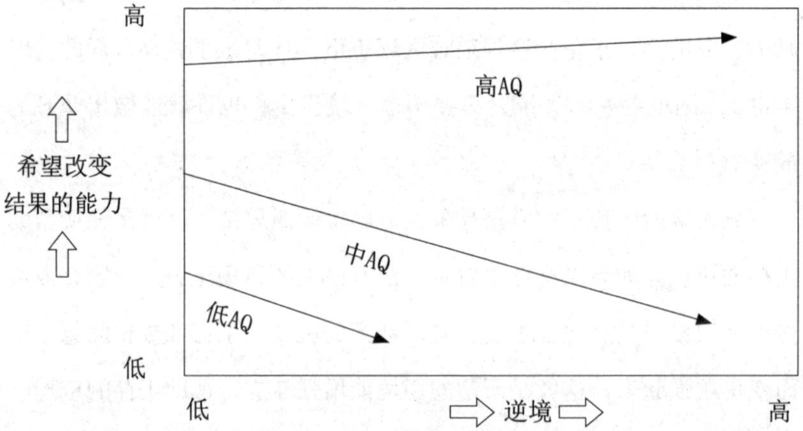

图5-3　AQ与逆境控制

逆境商数很高的人，逆境越强，他的斗志就越旺盛；逆境商数很低的人，随着逆境强度的增加，他的斗志可能很快就会消失。看谁是英雄豪杰，谁会成为一个成功的管理者，筛选的工具和指标就是一个人的 AQ。

每一位有理想年轻人，都会受到逆境的考验，逆境就如一块试金石，可以检验出真的勇士。那么，当面对逆境时，我们究竟该怎样战胜它呢？

1. 接受逆境的存在

“天有不测风云，人有旦夕祸福”。逆境是必然的，一帆风顺才是偶然。我们一生必然要与挫折打交道。“宝剑锋从磨砺出，梅花香自苦寒来”。当我们从内心接受了逆境的存在，随时准备好面对挑战，这样，在挫折降临到自己头上时，就不会茫然失措，无所适从。

2. 从全局着眼，用发展的眼光看待逆境

在整个历史的发展长河中，在人漫长的一生当中，每次遇到的重大问题，在事后回想起来，不过是一件小事。不过分纠结于眼前的小事，是成长的必然。

3. 获得成长的机会

不犯错的人是没有的，当我们遭受挫折时，要试着用笑脸来迎接发生的一切。因为遭遇挫折，就意味着获得了成长的机会。

管理名言

自古以来的伟人，大多是抱着不屈不挠的精神，从逆境中挣扎奋斗过来的。

——松下幸之助

4. 适当发泄

身处逆境时，不要把痛苦和忧伤埋在心里，可以寻找发泄情绪和压力的出口。比如，和亲朋好友聊天，把内心的不快倾诉出来；可以参加体育运动，挥汗如雨之后，人会很容易重新振作起来；练习冥想，在沉静中思考破局的方法，都是不错的选择。

逆境的程度与压力现象

在企业中，不仅居于领导层的经理人会有压力，普通的员工同样会面临压力。

员工压力的来源与程度

◆ 婚姻是最大的压力源

曾经一家公司在内部员工中做过调查，他们让员工对生活中压力的排名进行打分，结果显示，排名中最靠前的压力都与婚姻相关，包括结婚、离婚、婚内琐事、配偶重病等。可见婚姻，在人们心中的重要地位。

家庭是很多人生活的重心。正所谓“修身齐家治国平天下”。有妻子（丈夫）、有孩子是一件幸福的事情。西方人在研究中国哲学问题时做了一个评论，很有意思。他们认为中国虽历经动荡不安，但到今天为止，中国还是一个强大的国家，中华民族没有真正陷于分裂，国家社会还非常稳固，这其中家庭因素起着非常重要的作用。

◆ 职业的压力指数

职业的压力指数主要用来衡量一个人所从事的职业，在日常工作和生活中所带来的艰苦劳累和危险（有时甚至能威胁生命或造成死亡）程度的大小。

据外媒调查，职业压力排名第一的是矿工，原因一是工作环境艰苦，二是偶发意外事故概率高。排名第二的是警察，第三是民航飞机驾驶员，企业经理人和推销员的压力中等，最后一名是图书馆管理员。图书馆管理员只要留意书有没有还就可以了，他的压力指数是最小的。

◆ 经济压力

如果要问员工“你为什么工作”，我相信大部分人心里的第一反应是“因为钱”。现实生活中大部分的普通人，都会面临衣食住行、子女教育、父母养老等问题。经济基础是过好日子的基础，也是实现美好梦想的条件，然而比较沉重的经济压力，成了很多人的一大负担。

缓解员工工作压力的方法

如果员工有压力，作为经理人，你该怎么办？以下几点可以作为参考：

1. 注意观察员工的异常行为

需要注意观察员工的异常行为，然后采取适当的措施。

例如，有一天早晨，经理看到某女员工脸色不好，就问她有心事吗？她笑笑说没有。身体不舒服？她也说没有，经理便不再追问，于是邀请她中午一起吃饭。边吃边聊，才知道那天早上她和老公吵架了。夫妻吵架虽然是私事，但该员工是企业的采购科科长，手上掌握着企业1亿元的预算，万一她与老公吵架后，把情绪带到工作中来，那就极容易给企业造成严重损失。经理注意到了她的异常行为后，中午有意与她一起吃饭，借机开导她。

经理也好，副经理也好，主任也好，副主任也好，甚至有时连门口的警卫，经理人也要去关心，因为不同职位的人会有不同的想法与意见。

2. 为员工提供各种沟通的渠道

既然要跟下属有良好的沟通，就应给他们提供良好的沟通渠道。一个开明的总经理大多不会关上办公室的门，因为关门讲话容易让员工产生猜忌心理，另外，开着门可以让下属随时进来，这样就保证了沟通渠道的通畅。

3. 要让员工知道你对他有什么希望

员工最害怕的就是被领导冷落，不知道领导希望自己怎样做，也不知道领导是不是满意自己的工作。这也会使他们产生一种无形的压力，所以管理者要让员工知道自己对员工的期望与评价。

4. 听取员工的意见

只要情况许可，在做决策时，不妨听听员工的意见。哪怕意见不成熟，也要先给予肯定，让他们提出想法，这对员工而言是一种激励，也是一种减轻压力的方法。回想一下，你曾经让员工参与过你的决策吗？

5. 给员工适当的压力

不要把员工累垮，也不要让部门内有闲人。很多主管是工作狂，自己加班，还要员工陪着工作，员工如果先走就会担心被主管认为工作不努力，这也会给员工造成一种压力。只要重要的事情做完了，就没有必要加班。员工不能没有工作压力，但压力要适当。另外，管理者遇到事情要泰然处之，让大家感觉到与你一起工作很愉快，而不是一天到晚都很紧张。

6. 带领员工改善生活品质

偶尔带员工到外面去用餐，改变一下气氛，或者到一个山清水秀的地方开会，甚至到办公楼外面的空地聊天，站在花园里谈事情，享用下午茶……这些都是缓解压力的有效方法。

适度的压力可以使员工产生工作的动力。过大的压力则会让员工精神颓废，无所适从，从而使工作效率降低。因此，管理者要能体察员工的压力状况，并积极地采取应对措施。

忠告

| 提升逆境商数，自我减压 |

前面提出了 IQ、EQ、AQ 之间的关系，也提出了为什么逆境可以帮助成长，同时又从个人、工作场所和社会因素等方面说明人为什么会有压力。下面将从两点来谈如何自我减压：一个是修身养性，借用大自然之力来舒缓压力；一个是体内革命，提高自己的抗压性。

如果用数字来描述一个人的生活，健康就是一个“1”，其他的东西，如工作、财富、成就等，不过是跟在这个“1”后面的“0”，如果健康没有了，再多的“0”加起来也还是“0”。

忠告

修身养性

中国有个成语叫作“积劳成疾”，这里的“劳”往往是劳心所致，癌症在中医里叫作淤积症，即把忧郁积在心里面而生的病。如果一个人每天都愁眉不展，担心自己得癌症，即使不得癌症，也不会拥有良好的身体和心理状态。

中医理论认为：怒伤肝、忧悲伤肺、喜伤心、恐伤肾、思伤脾，说的正是病由心生的道理。

道家典籍中记载了很多通过与大自然相处缓解压力的方法。

1. 望云

放松时，眼睛一直看到云端的背后，就好像要看到天的尽头一样。这样做，一方面可以缓解眼睛疲劳，另一方面远望天空可以让人感觉到自己的渺小，感受到在这个无穷无尽的宇宙里面充满了奥秘……能够帮助你把压力释放出来。

2. 看水

凝视河海湖泊，望着水的里面，好像要一直望到水底一样。每次做完都仿佛获得新生一样轻松。

3. 抱树

心情不好、压力很大时，找一棵很大的树去抱。抱着一棵一两百年的古树，10 分钟以后你就会感觉到这棵树是有生命的。想想它历经狂风暴雨、严寒酷暑而岿然不动，挺立在土地上一两百年，个人的痛苦在它面前都会显得微不足道，你会感觉到树里面有一种气息，好像可以慢慢地渗入到你的内心，这就是道家所说的日月精华。

这 3 种做法都是借用大自然的力量来舒缓压力，对保持身心健康有很好的作用。

体内革命

日常生活中许多细节对减轻压力都能起到重要的作用，这就是我们所说的体内革命。身体是革命的本钱。一个人必须身体健康，才能全身心地投入到自己的事业中去。有一个健康的身体，承受压力的能力才会增强。下面有几种方便易行的方法，是很多人从学习和生活中总结出来的。

1. 多吃鱼肉

大部分中国人特别喜欢吃肉，但一个人到了四五十岁以后就要开始注意少吃红肉，所谓“红肉”就是四只脚动物的肉，如猪、牛、羊的肉；要多吃白肉，所谓“白肉”就是两只脚动物的肉，如鸡、鸭、鹅的肉，水里游的鱼的肉也属于“白肉”。鱼肉营养丰富，尤其是富含多种不饱和脂肪酸，对人的大脑和心脏都有很大的帮助。因纽特人很少得癌症，日本人多长寿，其中一项重要的原因就是他们都特别爱吃鱼。多吃鱼类，一方面可以防癌，另一方面还可以预防心脏病，强化大脑的思维能力。

2. 浅酌红酒

白酒、黄酒都是酸性酒，红葡萄酒则是碱性酒。红葡萄酒里面含有一种物质，叫作单宁酸。单宁酸被称为血管的清道夫，可以有效降低血管里面的胆固醇，防止血管硬化。欧洲人做过一个调查，北欧人的寿命不如地中海一带南欧人的长，原因是南欧人喜欢喝红葡萄酒，吃橄榄油；法国人也常常吃肉，美国人也常常吃肉，但是因为法国人比较爱喝葡萄酒，所以他们的平均寿命比美国人的长。

3. 常用橄榄油

橄榄油中不饱和脂肪酸的含量非常高，同时含有丰富的维生素 A、D、E 和胡萝卜素等脂溶性维生素，不含胆固醇，长期食用可防癌、防辐射、提高内分泌系统功能等，对人体有益。

4. 带着鲜奶干杯

出去应酬，带上一盒鲜奶，在喝酒之前先喝点鲜奶。鲜奶本身有两个作用：第一，鲜奶会在胃里形成一层保护膜，降低酒精对胃的伤害；第二，它含有丰富的钙质，又可以稳定神经。

5. 别在城市里的街道上跑步

很多人喜欢早上起来锻炼，这也无可厚非，但是要提醒各位一件事情：早上的空气是城市里一天中最脏的。早上空气为什么最脏呢？因为大气由分子构成，它本身具备一定的密度，中午时阳光直射，空气升温后大气分子变得稀薄，密度变小，于是附着在空气上的灰尘就上升到高空，到了下午和黄昏，太阳快要下山了，这些大气粒子就开始收缩，密度增大，于是就开始慢慢地沉淀下来，到了午夜时分就几乎全部沉淀下来。在太阳出来之前，是大气分子密度最大的时候，地表上面形成一层污浊的空气。如果这时候坐飞机飞到空中，会发现城市被弥漫的烟雾灰尘所笼罩。

这时候人们起来跑步锻炼，身体就成了空气过滤机，用人的肺来过滤空气。有些人早上不但在街道上跑步，还追着汽车跑，汽车尾气对人体非常有害。所以，尽量不要在城市里的街道上跑步，尤其是在早晨的时候。如果有条件，可以远离闹市，到城郊或公园中去锻炼。

6. 效法动物

人有很多做法都是跟动物学的。中国古代一些强身健体的武术和体操就是模仿动物的动作编排而成的，据说汉代名医华佗发明的“五禽戏”就是模仿虎、鹿、熊、猿、鹤五种动物创编的一套防病、治病、延年益寿的医疗气功。所以，不妨学习动物的良好习惯来保持自己身体的健康。

（1）随时随地休息

人常常不能做到这一点，往往喜欢按时休息，结果浪费掉了很多休息的机会。瑜伽里面有一套动作，叫作“摊尸”，教我们在躺下去时，通过冥想放松自己的脖子、手、腰等，直至最后像死了一样躺在那里。听说这样休息10分钟的效果和正常睡30分钟的效果相同。无论是坐地铁还是坐飞机，只要有空，我们可以随时让自己“死掉”10分钟，放松每一个关节，完全放松地躺一会儿。在现代快节奏的生活中，人们需要学会随时随地休息。

（2）不要强忍大便

鸡、鸭等动物都是随时大便的，但一般人一天只大便一次，甚至有些人还因为工作或其他原因而忍住大便。粪便在人的直肠里等待被排放，就会刺激肛门的括约肌，这时候如果你对这个刺激符号不理会，它很快就麻木了，没多久你就不想上厕所了。于是直肠开始回收粪便里的水分，经常如此，就会形成便秘，在体内积累毒素，影响身体健康。

（3）断食

非洲原野上的狮子、豹子经常挨饿。豹子号称是陆地上跑得最快的动物，但它的耐久力却很短，如果在短时间内没咬到一头羚羊、一只麋鹿，没有抓到一头水牛，可能就要挨饿，所以豹子的肚子经常是凹进去的。

现在的人不像豹子那样会遭受食物危机，每天都会定时定量地吃饭，心情好与不好都要正常进餐，但最好也要偶尔断食，清空肠胃。像豹子一样断食，其实也是一种修行的功夫。

（4）伸懒腰

动物站起身后经常会做个伸懒腰的动作。伸懒腰时血液会快速地循环，心跳加快。每天多伸几个夸张的懒腰，可活动筋骨，放松脊柱，有益身体健康。

7. 随时随地活动

运动有助于人体身心健康，因此多做运动是很有必要的，但是有的人会经常强调自己非常忙碌，没有时间活动，其实活动是可以随时随地进行的。下面介绍几种简单的可以随时随地活动的方法，供大家参考。

（1）做毛巾操

拿一条毛巾用两手拉开，从身前笔直向头顶上方举，然后踮起脚尖走路，这样活动大概二三十分钟，就会出汗。动作熟练后，可以手拿毛巾，从身后向头顶上方举，并从身前将双手落下。你也可以利用平时走路的时间，做这样的动作。

（2）蹲马步

中国武术里强调蹲马步的功夫，实际上蹲也是一种方便易行的锻炼方法。马步蹲得好，可以强筋补气，调节精气神。到哪里蹲马步呢？很简单，上班时在办公室里，不要坐椅子，就蹲马步写字、办公、打电脑……每天蹲上 30 分钟或者 1 小时，就会改善你的身体状况。

（3）逆向操作

逆向操作可以预防老年痴呆，倒着走就是一种逆向操作。下面几项也是逆向操作：洗澡时不从头洗到脚，而是从脚洗到头；看报时不从第一个字往最后看，从最后一个字开始往前看，并且还要看得懂；还可以倒着上下楼梯。这些有意思的生活小窍门，大家都可以试试看。

身心健康了，精气神足了，相信大家的抗压能力也会增强，这样就会在成为优秀的职业经理人的道路上，走得越来越宽广。

本章小结

IQ是指一个人所具有的智力水平的高低；EQ是指一个人对环境和个人情绪的掌控能力；AQ是一个人面对困境时缓解压力、渡过难关的能力。这3个Q常被用来作为招聘员工的指标。

逆境来源于个人、工作和社会。敌人帮助成长，危机提高警觉，困境刺激思维，这就是逆境帮助生存的道理。所以要正确地对待逆境，提高自己的逆境商数。

员工面临着来自社会和工作等方面的多种压力。家庭是非常重要的安定因素，很多社会和工作方面的压力在家庭中可以得到缓解。作为经理人，疏解员工的压力，改善他们的心情，也是工作的一部分。除了要提高自己的逆境商数，还要关心员工的情绪。随时注意他们有没有异常行为，接近员工并与他们沟通，要让员工知道你对他有什么希望，必要时也可以让员工参与决策。给员工适当的压力，不要把他们累垮，也不要让他们无所事事，带领员工改善生活品质。

面对逆境，要努力地缓解压力，否则会“积劳成疾”。缓解压力有两种方式：一种是修身养性，借用大自然之力舒缓压力，望云、穿海、抱树等都是可取的方法；另一种是体内革命，强健体魄，增加抗压性，包括多吃鱼肉、浅酌红酒、常用橄榄油、多喝鲜牛奶、效法动物、随时随地休息等。一个人如果注意自己的身体健康，疏解压力和抵抗疾病的能力肯定会大大提高。

附　录

工具表单

员工培训情况调查表

培训内容	岗位培训	外派进修	出国考察
经理人			
中层干部			
基层员工			
其他人员			

使用说明

目的：分析一定时间内（每年）整个企业或某个部门中不同层次的员工接受培训的情况，应尽量将更多的教育机会让给直接面对顾客的基层员工。

填写：可填写培训的时间、次数、经费支出等。

新进人员培训项目及安排表

<table>
<tr><th colspan="2">教育培训项目</th><th>重要程度</th><th>时间分配</th><th>应达到的目标和考查方法</th></tr>
<tr><td rowspan="5">整体培训内容</td><td>应有的心理准备</td><td></td><td></td><td></td></tr>
<tr><td>公司简介</td><td></td><td></td><td></td></tr>
<tr><td>主要规章制度说明</td><td></td><td></td><td></td></tr>
<tr><td>企业文化和工作理念</td><td></td><td></td><td></td></tr>
<tr><td>其他应施行的教育内容</td><td></td><td></td><td></td></tr>
<tr><td rowspan="4">岗位培训内容</td><td>必备的知识和技巧</td><td></td><td></td><td></td></tr>
<tr><td>工作改善（如何及时发现、反映和解决问题）</td><td></td><td></td><td></td></tr>
<tr><td>岗位的安全、卫生</td><td></td><td></td><td></td></tr>
<tr><td>质量管理</td><td></td><td></td><td></td></tr>
</table>

使用说明

目的：帮助你制订有效的培训计划，使基层员工具有良好的职业素质和精神面貌，为顾客提供优质的服务，从而获得更大的利润。

填写：结合企业实际，根据表格中的提示，填写相应内容。

员工改善工作提案卡

提案人姓名		部门		提案日期	年　月　日
提案内容					
预计改进的成效					
实施条件					

提案审查申请书

提案名称			
提案内容			
审查评语			
审查结论			
审查人签名		审查时间	年　　月　　日

提案审查结果通知书

提案部门		提案人姓名	
提案名称			
非常感谢您的提案，希望您继续支持我们的工作，我们的电话：________ 经慎重考虑，对您的提案的审查结果是： （1）可以采纳实施 □ （2）修改后实施 □ （3）有参考价值 □ （4）准备组织实施 □ （5）现实中无法实施 □ （6）会提高成本 □ （7）技术上无法解决 □ （8）在组织制度上有困难 □ （9）需进一步征求意见 □ （10）________________________ □			

使用说明

目的：帮助你了解如何从员工中征求意见，挖掘员工的聪明才智，改善企业的经营管理状况。

填写：结合企业实际，根据表格中的提示，填写相应内容。

重大机遇分析表

序号	时期	机遇内容	是否抓住	经验教训
1				
2				
3				
4				
5				
6				
7				
8				

使用说明

目的：帮助你梳理曾遇到的重大机遇，分析总结经验教训，从而有助于你在今后的工作中抓住机遇，施展才华。

填写：根据表格中的提示，填写相应内容。

团队凝聚力测试表

序号	内容	判断
1	团队内的沟通渠道比较畅通，信息交流频繁	□是　□否
2	团队成员有强烈的归属感，跳槽的现象较少	□是　□否
3	团队成员的参与意识较强，人际关系和谐	□是　□否
4	团队成员间会彼此关心，相互尊重	□是　□否
5	团队成员有较强的事业心和责任感，愿意承担团队的任务，集体主义精神盛行	□是　□否
6	团队为成员的成长、发展和自我价值的实现提供了便利的条件	□是　□否
……	……	□是　□否

使用说明

目的：可结合实际设置内容，帮助你判断团队的凝聚力，看看在哪些方面需要加强。

填写：根据表格中的提示，在对应格中画“√”。

工作紧急性分析表

姓名：　　　　　　　　　　　　　　　　　　日期：　　年　　月　　日

紧急性 / 工作项目	非常紧急（马上要做）	紧急（短时间内要做）	不很紧急（可从长计议）	不紧急（无时间要求）

使用说明

目的：分析每天（每周、每月）各项工作的紧急程度，根据紧急程度来安排工作的先后顺序。

填写：填写相应的工作项目，在紧急性的四格中画“√”即可。

工作效率、效果分析表

姓名：　　　　　　　　　　　　　　　　　　　日期：　　年　　月　　日

有无效果、效率 / 工作项目	有效果 有效率	有效果 无效率	无效果 有效率	无效果 无效率

使用说明

目的：帮助你分析下属的工作是不是既有效果又有效率。

填写：填写相应的工作项目，在有无效果、效率的四格中画“√”即可。

按意愿和能力对员工分类表

类别	姓名
第一类： 既有意愿又有能力	
第二类： 有意愿但没有能力	
第三类： 没有意愿但有能力	
第四类： 既无意愿又无能力	

使用说明

目的：分析整个企业或某个部门中不同员工的工作意愿和工作能力，将他们加以分类，区别对待。

填写：根据表格中的提示，填写相应员工的姓名。

企业文化（主文化）与部门文化（次文化）的特征表

部门名称	文化特征
整个企业	
人力资源部	
财务部	
技术开发部	
生产管理部	
市场营销部	
……	

使用说明

目的：分析整个企业的企业文化或部门文化，掌握它们的特征，在平时的工作中注意区别对待。

填写：根据表格中的提示，填写相应内容。

企业文化测评表

序号	测评的关键特征	A （10分）	B （8分）	C （6分）	D （4分）	E （2分）
1	个人拥有独立自主权的程度					
2	对员工冒险的容忍程度					
3	目标和绩效相结合的程度					
4	各部门彼此协调运作的程度					
5	经理人支持员工的程度					
6	规章制度多寡的程度					
7	成员对整个组织的认同程度					
8	薪酬与绩效结合的程度					
9	允许员工公开争执与批评的程度					
10	内部沟通受到层级限制的程度					

使用说明

目的：分析现有的企业文化，有助于其形成良好的工作氛围。

评定标准：A——非常优秀，理想状态，10 分

B——优秀，满足要求，8 分

C——基本满足要求，6 分

D——略有不足，4 分

E——不满足要求，2 分

填写：在相应格中画“√”，将所有得分加起来。

➡ 如果＞ 80 分，比较有企业文化，应继续保持改进；

➡ 60 ~ 80分，虽然高于平均水平，但是还要不断提高；

➡ ＜ 60 分，企业文化薄弱，要注意培养，特别是对得分比较低的项目一定要注意改进，否则不利于企业的发展。

图书在版编目（CIP）数据

有钱人爱得富贵病/易磊著．—北京：中医古籍出版社，2010.6

ISBN 978－7－80174－869－0

Ⅰ．①有…　Ⅱ．①易…　Ⅲ．①常见病－防治　Ⅳ．①R4

中国版本图书馆 CIP 数据核字（2010）第 095736 号

有钱人爱得富贵病

编　　著：易 磊
责任编辑：梅 剑
出版发行：中医古籍出版社
社　　址：北京东直门内南小街 16 号（100700）
印　　刷：北京市集惠印刷有限责任公司
开　　本：787mm×960mm　1/16
印　　张：17
字　　数：250 千字
版　　次：2010 年 6 月第 1 版　2010 年 6 月第 1 次印刷
印　　数：0001～3000 册
书　　号：ISBN 978－7－80174－869－0
定　　价：28.00 元

WHY DO RICH PEOPLE GET SICK EASILY?

生活提高了，为什么你的健康在减少？
医疗进步了，为什么现代人爱得富贵病？
……

有钱人爱得富贵病

易 磊/著

中医古籍出版社